スゴい「減価償却」

杉本俊伸+GTAC
Sugimoto Toshinobu+GTAC

黄金律新書

THE GOLDEN RULE

GENTOSHA
幻冬舎MC

はじめに

２０１４年４月、消費税率が５％から８％へと17年ぶりに引き上げられました。２０１５年10月には、さらに８％から10％に引き上げられる予定です。

また、２０１５年１月１日からは、相続税の基礎控除額が引き下げられるとともに、最高税率は50％から55％にアップ、同じく所得税の最高税率も40％から45％に引き上げられます。まさに消費税増税が、これから来る大増税時代の幕開けを告げたといってよいでしょう。

個人が稼いだ所得は、基本的には消費され、残りは蓄えられて相続されていくことになります。しかし、既に始まっている一連の増税は、所得、消費、貯蓄のすべてに対しさらなる税負担を求めており、逃げ場はありません。多額の税金に苦労する将来を、不安に感じる人は少なくないはずです。

納税者にとっては負担感が強まっていく時代に突入したわけですが、税金ともっと賢く付き合っていくには、どうすればよいのでしょうか。

その答えの一つが、「減価償却」を使い尽くすことです。

「減価償却で節税」とは巷間よくいわれることですが、具体的には、何からどう手を打てばよいか、わからない人も多いと思います。

そこで本書では、節税に使える減価償却のメニューを網羅的に取り上げ、それぞれのメリットとデメリット、注意すべきポイントと具体的な活用法を紹介しています。クルーザーや不動産、太陽光発電設備などが、なぜ節税に使えるのか、どの程度の資金で、どんな償却資産を買えるのか、できるだけわかりやすく解説しています。ここまで「減価償却で節税」に特化して詳しく取り扱った本は、おそらく他にないと思います。

たしかに減価償却は、理解するのが比較的難しいルールです。しかし、具体的な償却資産と節税の仕組みさえ理解しておけば、実に様々な資産を経費にし、自在に税金額をコントロールできるのです。利益が大きく出そうなときには、減価償却費を計上して課税額を減らし、同時にキャッシュフローを増加させる、まさに究極の節税術なのです。

減価償却の仕組みやルールを知っている人とそうでない人では、納税額に大きな差が出ます。私が元東京国税局部長だったからこそ知りえた正しい知識をベースに、すぐに使える具体的な節税策を示しています。

日本ではこれまで合法的に税金をコントロールするというタックスマネジメントは馴染みが薄かったと思いますが、皆さんが大増税時代を賢く生き抜く一助になれば、著者としてこれに勝る喜びはありません。

平成26年4月　吉日

杉本　俊伸

スゴい「減価償却」目次

第1章　減価償却を知り尽くせば税金はコントロールできる

タックスマネジメントで税金を自在にコントロール

消費税の増税を皮切りに、大増税の時代がやってこようとしています。消費だけでなく、所得に対しても、貯蓄に対しても、納税者の負担感は強くなっていく一方です。税金は国や地域の財政の根幹をなすものですから、払わないわけにはいきません。

ただ、しっかりと納税し続けるためには、定められたルールの中で税額をコントロールするという発想が極めて重要です。皆さんは、所得税や法人税という税金は個人や会社の業績次第で勝手に決まるものであり、自分では毎年の税金をコントロールできないものだと思いこんでいないでしょうか。

実は、自分や自社の税金は、自らコントロールできます。それがタックスマネジメントです。税金を納めるためにはキャッシュが必要ですが、誰しもがいつでも潤沢にキャッシュを持っているとは限りません。中小企業などでは、高額な税金にキャッシュが追い付かず、肝心の経営資金がショートしてしまうようなこともあります。タックスマネジメントは、納税者の経営や生活の安定を大きく左右するものであり、大増税の時代にはことさらに不可欠なノウハウなのです。

タックスマネジメントとは、端的にいえば納税の額とタイミングをコントロールすることです。

例えば、ある会社が商売で大成功し、特需によって10億円の利益を稼いだとします。自然体で何の対策もしなければ、法人税等の実効税率を36％とすると、３億６０００万円もの税金を納めなければなりません。

ところが、タックスマネジメントを活用すれば、直近の税額をゼロにすることさえ可能です。これは極端な例ですが、10億円の利益が出たなら10億円を費用計上し、とりあえず課税額を減らすことができるからです。

さらに、費用にした10億円を将来取り戻すことができるとしたら、どうでしょう。これほど柔軟で便利なコントロールを実現できるのが、本書のテーマである「減価償却」の活用なのです（図１）。

しかも、投資した10億円が再び利益として戻ってくるときに、会社の本業が赤字10億円になっていれば、将来においても利益、法人税ともにゼロです。今の時代、日本を代表する大企業でも赤字に転落してしまうことは珍しくありませんし、全国の法人の7割が赤字ですから、会社が赤字を経験するのは一般的なことです。

会社や個人の所得が黒字のときは、その黒字を相殺するような投資を行って、課税を先送りする。これがタックスマネジメントの鉄則です。課税されるタイミングは納税者が自分でコントロールできますし、将来、会社が赤字になったとしたら、その赤字と相殺でき、黒字であれば、再度、将来に課税を先送りすることなどもできます。

減価償却の活用とは、このように課税を先送りしていくことです。

所得税や法人税では、過去1年より前に納めた税金を取り戻すことは原則としてできません。税金を納める前に、タックスマネジメントを活用して、課税を先送りすることが将来の赤字などに備えることになり、得策なのです。

減価償却はタックスマネジメントの王道です。減価償却のメカニズムを知れば、なぜ課税の先送りができるのか、投資した金額がどのように戻ってくるのかが理解でき、何百

[図１]　税金をコントロールする

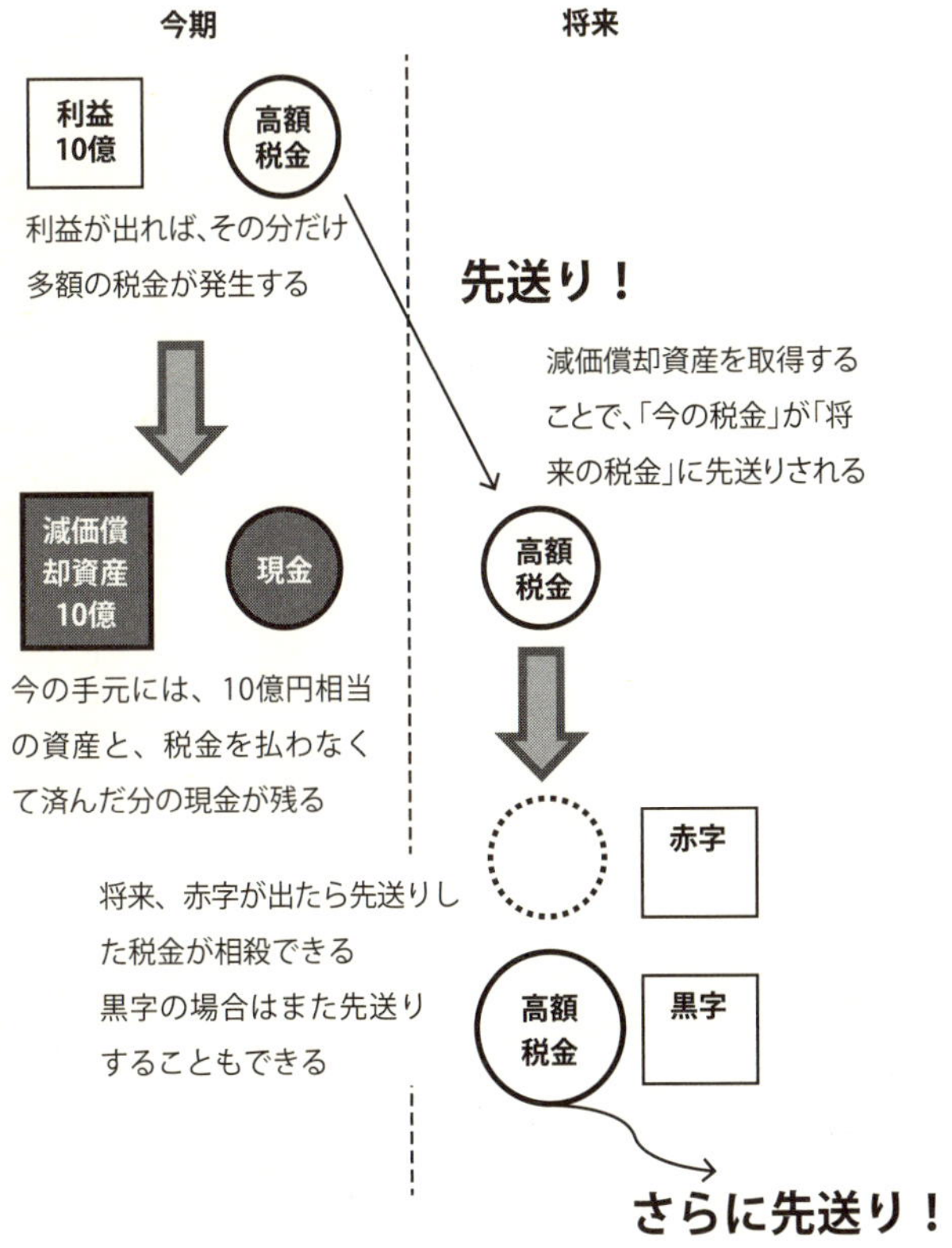

万、何千万、何億といった税金を自在にコントロールできるようになります。

減価償却というと若干ややこしい印象があるかもしれませんが、その節税の威力には驚くべきものがあります。そもそも何のためのどのような制度なのか、というところから、しっかりと理解しておきましょう。

［図２］ タックスマネジメントで税額をコントロール

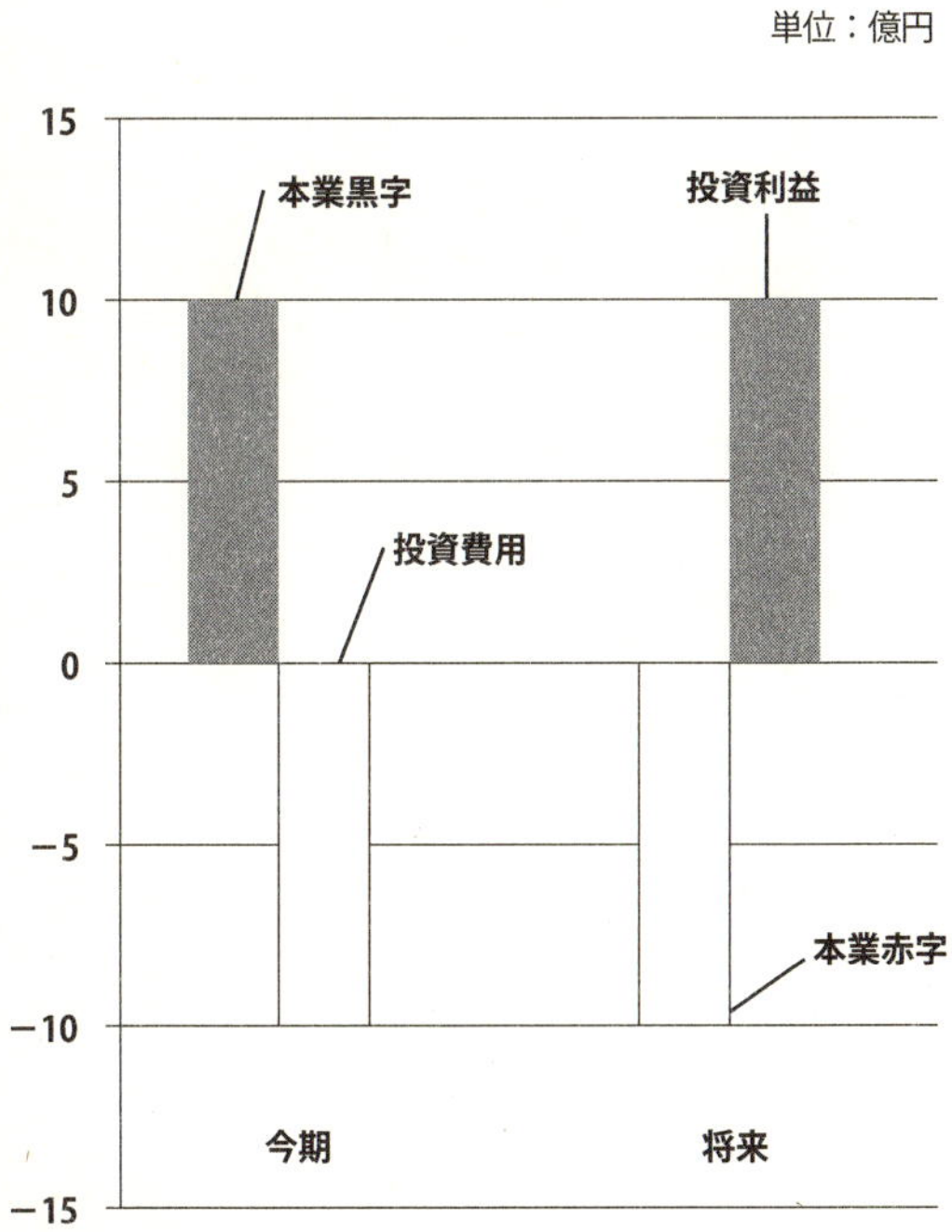

黒字の今期に投資して	赤字の時期に利益を出して
利益０	利益０
法人税０	法人税０

多額の経費を一定の期間で計上する減価償却

減価償却で節税とはよく聞きますが、具体的に何をどうすれば節税になるかをしっかり理解して活用している人は、意外に少ないのではないでしょうか。減価償却は、その仕組みを知れば知るほど、税金額をコントロールできるツールとして役に立つものです。まずは減価償却とは何かを噛み砕いて説明しましょう。

例えば、コピー用紙などの消耗品は、一度使ってしまえばその価値がなくなります。それに対してコピー機は、一度使ったからといってもう使えなくなるわけではありません。故障して使えなくなったり、著しく陳腐化するまでの間は使用する価値があり、その間少しずつ価値が減っていくと考えられるわけです（図3）。

このような資産を、所得税法や法人税法では「減価償却資産」と定義しています。

［図3］ 少しずつ価値を減じていく減価償却資産

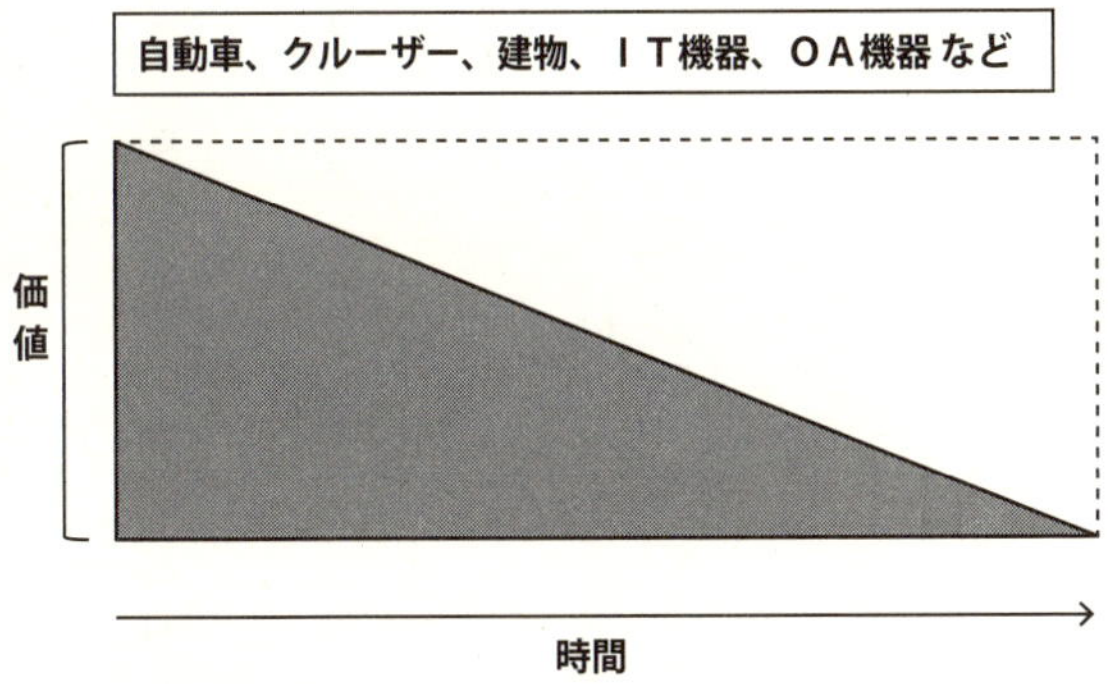

時の経過にしたがって、少しずつ価値を減じていく

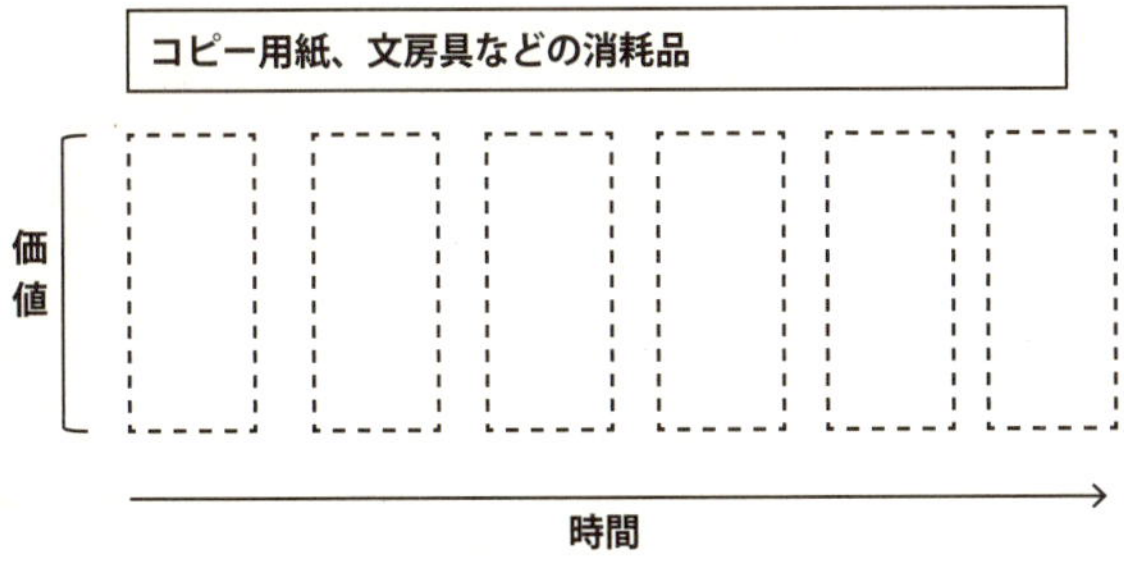

一つひとつ使うごとに価値をなくす

【減価償却資産】

個人や法人の事業や業務のために用いられる建物、建物付属設備、船舶、航空機、機械装置、車両運搬具などの資産。一般的には時の経過等によってその価値が減っていく。

自動車や建物、あるいはコピー機などの減価償却資産は、長い時間をかけて価値をなくしていくものです。最終的にはゼロになるわけですが、それぞれどの程度の期間使えるものかは資産の種類ごとに財務省令によって画一的に定められています。これを「法定耐用年数」といいます。図4に主な減価償却資産の法定耐用年数を記載していますが、巻末には国税庁が発表している一覧表も掲載しているので、ぜひ確認してみてください。

［図４］ 主な減価償却資産の法定耐用年数表

種類	構造又は用途	細目	耐用年数（年）
建物	鉄骨鉄筋コンクリート造 鉄筋コンクリート造	事務所用	50
		住宅用	47
	れんが造、石造 又はブロック造	事務所用	41
		住宅用	38
	金属造、骨格材の肉厚 四ミリメートル（超）	事務所用	38
		住宅用	34
	木造 又は合成樹脂造	事務所用	24
		住宅用	22
	木骨モルタル造	事務所用	22
		住宅用	20
船舶	その他のもの	モーターボート	4
航空機	飛行機（金属製）	130トン超※	10
		130トン以下 5.7トン超	8
		5.7トン以下	5
	その他のもの	ヘリコプター グライダー	5
車両 運搬具	前掲のもの以外のもの	自動車 その他のもの	6
器具 及び 備品	生物	植物 （貸付業用）	2
		植物 （その他）	15
		動物（魚類）	2
		動物（鳥類）	4
		動物 （その他）	8

※最大離陸重量

出典：国税庁発表資料から一部抜粋

個人や法人が減価償却資産を取得する目的は、その資産を使って収入を得ることです。減価償却では、資産の取得に投下された資金（＝購入にかかったお金）が、その法定耐用年数の全期間を通じて回収されていくことが税法上の前提として考えられます。回収できなければ、その分が損になってしまいます。

その前提に立てば、減価償却資産の取得にかかったお金は、取得時に全額を経費・損金とするのではなく、法定耐用年数の各課税期間に経費・損金として配分していくことになります。やや難しい言い方になってしまいましたが、要するに100万円で買った償却資産が耐用年数5年であれば、20万円ずつ5年に分けて経費・損金を計上したりする、ということです（配分の仕方は等分に限りません）。

ここまでをまとめると、減価償却とは、減価償却資産の取得に要した金額を一定の方法によって各課税期間の経費・損金に配分していく手続きといえます。

新築の賃貸用アパート（鉄筋コンクリート造）を例に整理しましょう。自分の土地に、RC造アパートを5000万円で取得したとします。5000万円という現金が賃貸アパートの建物に形を変えたわけですが、その全額が一度に所得計算上の経費や損金になるわけではないことは、ここまで述べてきたとおりです（図５）。

この場合のＲＣ造アパートの法定耐用年数は47年です。所得計算上の経費や損金になる減価償却費は、５０００万円を47年かけて均等に償却していくことになるので償却率は０・０２２、１年間に計上する費用＝償却費は「５０００万円×０・０２２（償却率）＝１１０万円」です。建物の取得価額の47分の１相当額が経費や損金になり、帳簿価額が１円になるまで47年にわたって償却できることがわかります。

減価償却資産の法定耐用年数が資産ごとに画一的に定められているのは、納税者間の公平性を保つためです。資産が使える期間を納税義務者の見積もりに委ねた場合、納税義務者の事務負担になってしまうことや、同一の資産でも人によって耐用年数がバラバラになってしまい、結果として課税の公平が損なわれる恐れがあるのです。減価償却資産の法定耐用年数については、その資産の物理的使用可能年数や技術革新等の機能的な陳腐化等を総合勘案したうえで定められていると考えられます。

さて、減価償却がどういう制度であるか、ざっと解説してきましたが、ここで一つ質問です。土地や骨董品は減価償却できる資産でしょうか。答えはＮＯです。

［図5］ 減価償却は帳簿上で経費を分割計上する

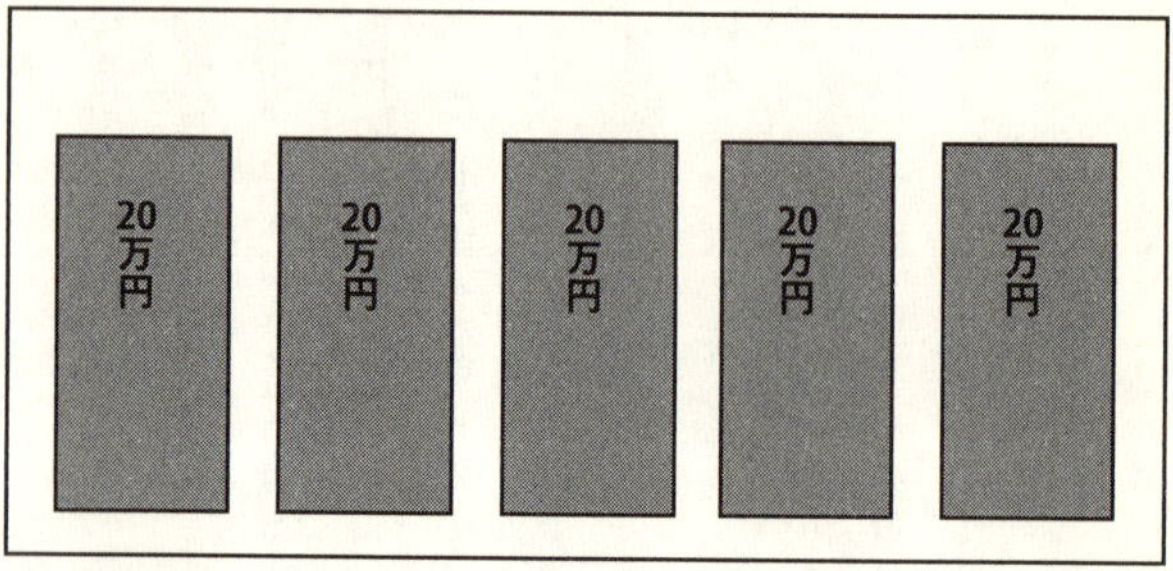

100万円の資産を20万円ずつ5年に分けて費用計上していく

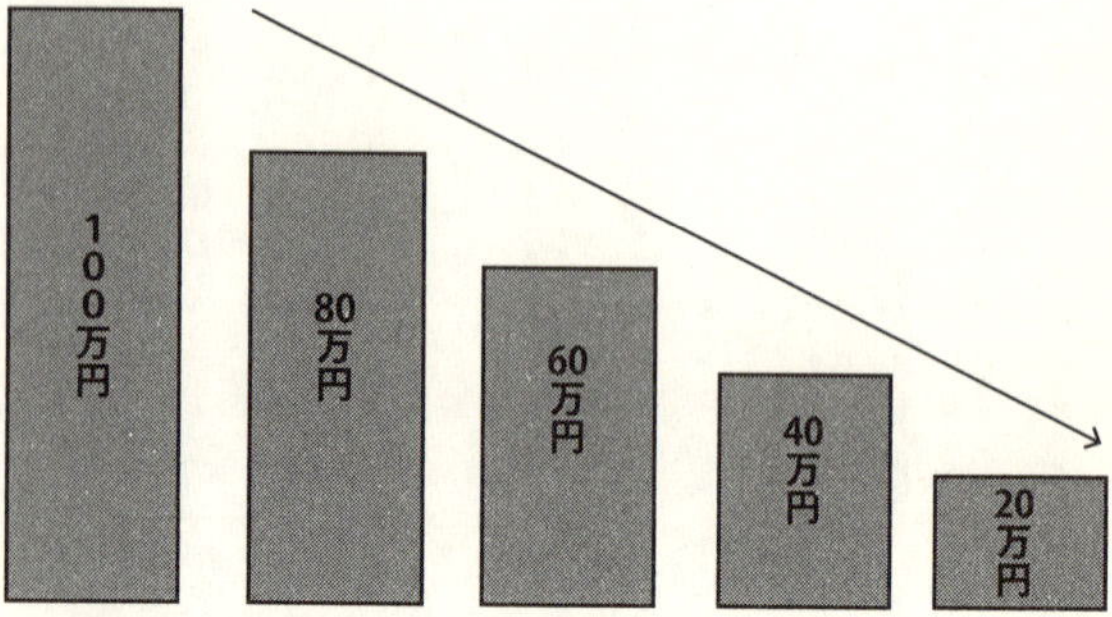

ものの価値は20万円ずつ減少していく

なぜなら、土地も骨董品も、時間が経過することで価値が減っていくものではないからです。いくら高額な資産だとしても、経費や損金を何年にもわたって配分することはできません。どういった資産が、どのような理由で減価償却されるのか、大まかにご理解いただけたでしょうか。

減価償却で税金を先送りにする

減価償却がどういうことか理解していただいたところで、それがなぜ節税になるのかという仕組みについて解説していきたいと思います。

まず、考え方のベースになる所得税と法人税の所得計算について、ここで確認しておきましょう。

【事業所得、不動産所得、雑所得（公的年金等以外）の所得金額の計算】

総収入金額－必要経費＝各所得

【法人税の所得金額の計算】

益金（収益）－損金（原価、費用、損失）＝所得

以上のような計算で個人や法人の所得が決定し、それに対して税金が課せられます。その税金をいかにコントロールするかが、本書のテーマです。

さて、ここからが本題です。減価償却で節税が狙える仕組みの基本的な考え方は、「課税の繰延」です。

課税を繰り延べる、というと難しく聞こえますが、ごく簡単にいうと課税を将来に先送りにすることで、今の税額を減らすということです。このコントロールをするために必要なのが減価償却資産なのです。

個人や法人の所得の計算において、特定の課税期間に集中的に減価償却費を計上することにより、その課税期間の所得を減らし、一時的に節税を実現できるということです。順を追って解説しましょう。

例えば法人が取得価額100万円、耐用年数2年、定率法適用の減価償却資産を事業年度当初に取得して、翌事業年度に100万円で譲渡したとします。法人税率は35％です。資産を取得した事業年度の減価償却費は、100万円（未償却残高1円を控除します）となります。これは、耐用年数2年の定率法償却率が1だからですが、定率法については後に詳しく解説しますので、ここでは取得価額の全額を減価償却費として損金にできた、とだけ考えてください。

こうして資産を取得した事業年度では、100万円の所得が減ったことになります。法人税率は35％だったので、35万円の節税になっています。

次に、翌事業年度では、資産を100万円で譲渡します。資産の譲渡益100万円が今度は益金になるため、35万円の法人税が増加することになります。初年度のマイナス35万円が、翌事業年度のプラス35万円にずれた、と考えることができるわけです。減価償却を使うことにより、100万円の所得に対して課税されるタイミングを、1年遅らせることができました。これが課税の繰延です（図6）。

［図6］ 課税の繰延で税金の支払いタイミングを遅らせる

<繰り延べしない場合>

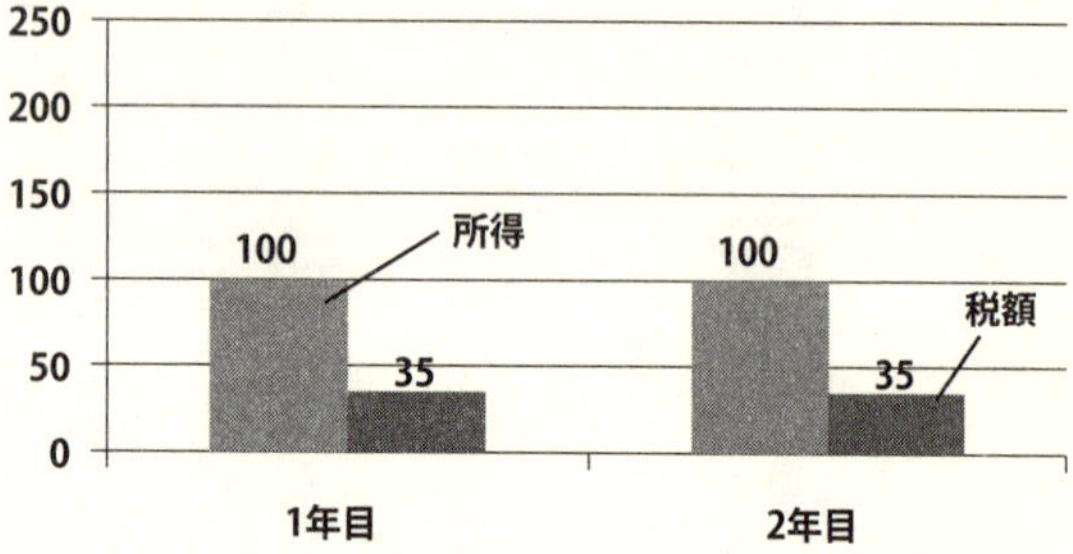

<100万円の資産を2年で償却する>

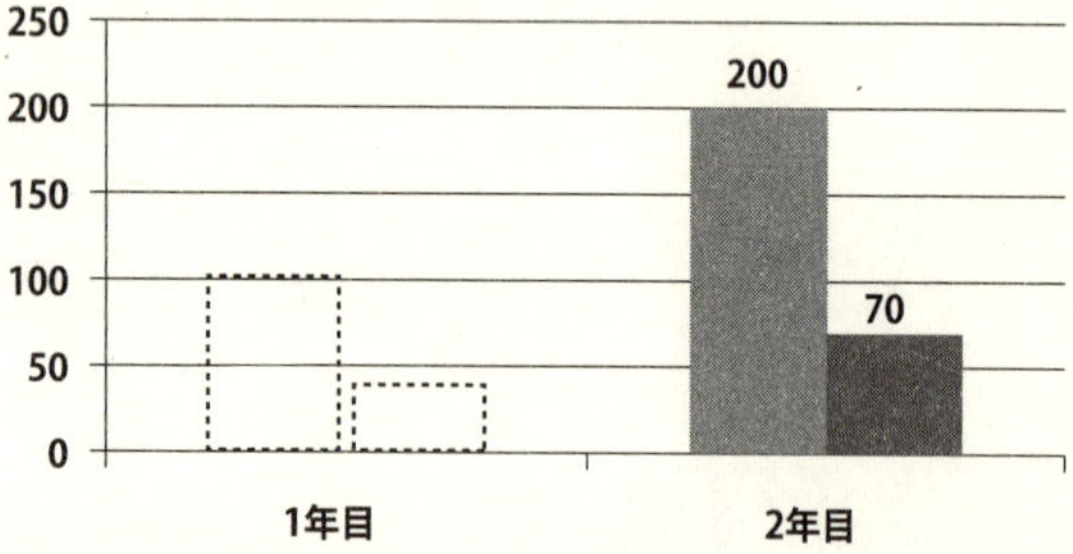

初年度の所得がマイナス100万円され、税額もゼロになる。
その分が次年度に繰り延べられ、2年目に200万円の所得、70万円の税額になる。

課税の繰延のメリットは、まず二つあります。

①　課税を先送りにした時点では、節税額分の無利息融資を受けたことと同じ効果

②　課税を先送りにすると、元本の運用益が非課税になるのと同じ効果

先の例では、課税を先送りにした時点では、節税額35万円を納める必要がなくなったわけなので、納税者は35万円を自由に使うことができます。翌年35万円を納税することになりますが、１年先送りにしたからといって、35万円に対する１年分の利子を支払う必要はありません。まさに、利子を支払う必要がないお金を１年間、融資してもらったことと同じなのです。

課税の繰延の二つ目のメリットは、課税後元本の運用益が実質的に非課税になることです。図7では、１年目に所得１００を稼ぎ、２年目は利子率10％でその運用益を稼いだ前提としました。結論としては、利子に対して非課税の場合に手元に残ったお金55と１年目の所得１００に対する課税を繰り延べて、２年目に元本と利子に課税された後の手元に残っ

たお金55は同じになりました。これでおわかりのように、課税を繰り延べると1年目の課税後元本に対する運用益は実質的に非課税になります。

課税の繰延について、建物の購入と4年間の減価償却を例に、詳しく見てみましょう。

- 築23年の中古木造建物（賃貸用）を1600万円で取得
- 年間の賃料収入が100万円
- 5年間保有して、6年目に1100万円で売却
- 耐用年数4年、減価償却費以外の経費はなし

1〜4年目の所得は、収入100万円－減価償却費400万円（1600万円×0・25）＝▲300万円の赤字となり、所得全体の引き下げになります。つまり税額も下がるということです。しかし、4年の減価償却を終えている5年目の所得は、収入100万円－減価償却費0円＝100万円の黒字となることから、所得全体の増加となり、節税メリットは失われています。

［図7］ 運用益に対する非課税効果

（前提）所得 100　税率 50%　運用利子率 10%

（所得 100 と利子 5 に課税される場合）		
	1 年目	2 年目
課税前	100	55
税金	50	2.5
課税後	50	52.5

（所得 100 は課税、利子 5 は非課税の場合）		
	1 年目	2 年目
課税前	100	55
税金	50	0
課税後	50	55

（所得 100 を繰り延べて、２年目に課税される場合）		
	1 年目	2 年目
課税前	100	110
税金	0	55
課税後	100	55

さらに、6年目には、帳簿価額1円の建物を1100万円で売却しており、譲渡所得が1100万円発生することで、所得が大きく増加しています。もちろん税額も高くなります。この例から、1~4年目の課税を5、6年目に繰り延べていることがおわかりいただけるでしょう（図8）。

節税の手法として課税の繰延は基本的なものの一つですが、税金をコントロールするというタックスマネジメントの観点からは、極めて重要な考え方なので、ぜひ身につけておいてください。

課税の繰延が役に立つケースとしては、

① 特需等により一時的に所得が増大するが、将来の所得に不安がある場合
② 非上場会社の株価の評価引き下げのために、一時的に所得を少なくしたい場合

などが考えられます。

総じていえるポイントは、短い期間でできるだけ多額の減価償却費を計上できる資産を活用することです。耐用年数が短ければ、一課税期間当たりの減価償却費が大きくなりますし、後述する定率法が使えれば、資産の使用初期の課税期間に比較的大きな減価償却費

［図8］ 賃貸用の中古木造建物を活用して課税を繰り延べる

単位：万円

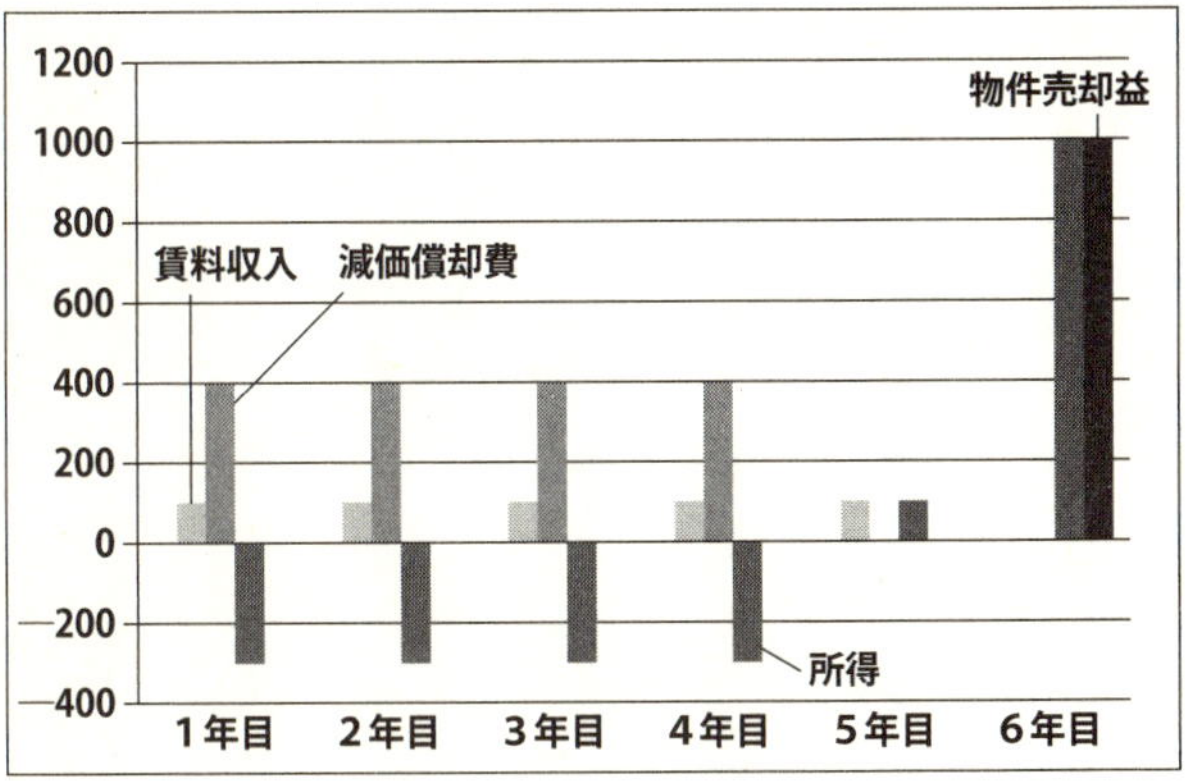

＜前提＞

- 中古木造建物（賃貸住宅用）を1600万円で取得
- 耐用年数＝4年
- 年間の賃料収入＝100万円
- 保有期間＝5年
- 6年目に1100万円で売却
- 減価償却費以外の経費はなし

を計上することができます。

特定の課税期間に集中的に減価償却費を計上するための方法としては、次の三つが代表的なものです。

① 耐用年数が短い中古資産を活用する
② 定率法が使える減価償却資産を活用する
③ 政策税制による特別償却等を活用する

これらの具体的な活用法については第2章以降で解説します。

課税の繰延が絶大な効果を発揮するワケ

減価償却を使った節税の本質は、税金を減らすことではなく、課税されるタイミングを将来に遅らせる課税の繰延です。こう聞いて少しがっかりされた読者の方もいらっしゃるかもしれません。

しかしながら、きちんと仕組みを理解して活用すれば、課税の繰延が充分なタックスメリットをもたらします。課税の繰延によるタックスメリットは、主に次の四つです。

①　課税の繰延で税額が下がれば、その分の無利息融資を受けたのと同じ効果がある

②　課税を先送りにすると、元本の運用益が非課税になるのと同じ効果がある

③　納税義務者が税金を納付するタイミングをコントロールできるため、事業計画や資金繰りに役立つ

④　さらには、過去に支払った税金を取り戻すことと同じ効果が得られる場合がある

①〜③については先に述べましたが、④に挙げた「過去に支払った税金を取り戻す」とは、一体どういうことでしょうか。さっそく、解説していきましょう。

青色申告書を提出している個人の純損失（事業所得などに赤字がある場合で、損益通算後の赤字の金額）や法人の欠損金については、個人は3年間、法人は9年間、将来に繰り

越すことができます。

一方で、それらの赤字を過去の黒字と相殺して税金の還付を受けることも、過去1年分に限り認められています。

例えば、青色申告の中小企業者（資本金や出資金の額が1億円以下であるなどの一定の法人）の法人が、過去数年度はずっと黒字経営で法人税の納付もしてきたが、今事業年度は所得が赤字（欠損金）になったとします。この赤字は前事業年度の黒字の所得と相殺して法人税の還付を受けるか、または将来に9年間繰り越して所得が黒字になった時点で黒字所得から控除することになります。

まとめると、法人（中小企業者）の所得の赤字は次のとおり、取り扱われます。

所得：黒字　→　赤字　1年間の繰戻還付
所得：赤字　→　黒字　9年間の繰越控除

繰り返しますが、法人税の還付請求ができるのは、過去1年間に納付したもののみです。それより前に納付した法人税は、還付を受けることができません。

4年前や5年前にどれだけ多額の法人税を納めていても、赤字になったからといって、何年も遡って還付を受けることはできないわけです。つまり、法人税の還付対象にならない（前事業年度が黒字ではない）赤字所得については、将来の黒字所得を待って、そこから控除するしかありません。所得が黒字から赤字に転落して、赤字が2事業年度以上続いてしまうと、2事業年度目以降の赤字は、将来の黒字と相殺するしか方法がないのです。

そこで、課税の繰延の出番です。所得が赤字に転落した場合でも、繰り延べてきた黒字の所得で赤字を相殺することにより、将来の黒字所得を待たなくても、全体として所得の黒字を維持できる可能性があります。この場合に、全体として節税になるのです。

例えば、法人の5事業年度前の所得を200、今事業年度の所得が赤字▲100、前事業年度の所得がゼロ、法人税率を30％と仮定して考えてみましょう。

【課税の繰延をしない場合】

〈5事業年度前の法人税額〉　200×30％＝60

〈今事業年度の法人税額〉　赤字▲100のため、0
〈合計納税額〉　60

【課税の繰延（繰延所得120）を活用した場合】
〈5事業年度前の法人税額〉（200−120）×30％＝24
〈今事業年度の法人税額〉▲100＋120（繰延所得）＝20の所得
20×30％＝6
〈合計納税額〉24＋6＝30

結論としては、課税の繰延を行った場合は、行っていない場合と比べて30の節税が実現できたことになります。その理由について、順を追って解説していきましょう。

まず、5事業年度前です。課税の繰延をしない場合、所得200に対して税率30％で課税され、税額は60になります。一方、課税の繰延を行う場合、減価償却を使って所得を120減らすと、所得は200−120＝80になり、税率30％で課税され、税額は24になります。両者を比較すると、60−24＝36となり、課税の繰延を行う場合、5事業年度前の時点で36の節税になっています。

次に、今事業年度です。課税の繰延をしない場合の所得は、赤字100ですので、課税は発生しません。課税の繰延を行う場合の所得は、赤字100に、5事業年度前から繰り延べられてきた所得120が加算されて、▲100＋120＝20の黒字になります。黒字所得20に対して30％で課税され、税額6が発生します。両者を比較すると、課税の繰延を行う場合、今事業年度では、税額6が増えています。しかしながら、5事業年度前では、36の節税になっていましたので、全体としては、課税の繰延を行う場合、36－6＝30の節税を実現できています。

つまり、5事業年度前に、所得120を繰り延べずに、税額36を払ってしまっていたら、その税額36を取り戻すことはできませんが、減価償却を使って所得120を繰り延べれば、税額36が節税になります。今事業年度では、繰り延べられた所得120が実現しても、赤字が▲100ありますので、赤字に対応する税額30は払う必要がなく、節税額30が確定することになり、差し引きの黒字所得20に対する税額6を払うことになります。

要するに、課税の繰延を活用しなければ、過去1年より前に納めた税金を取り戻すことはできないのです。しかし課税の繰延を活用すると、所得が赤字に転落した場合、過去1年より前に納めた税金を取り戻すことと同じ効果があることがおわかりいただけると思います（図9）。

タックスマネジメントが会社を救う

ある元企業オーナーは、深いため息をついていました。昔は業績がよく、飛ぶ鳥を落とす勢いで経営をしており、多額の法人税を毎年納めていることが自慢の会社でしたが、経営環境の激変により、会社が倒産して数か月が経とうとしています。あのお金があれば、会社をもう一度立て直せたかもしれないのに……。そんな想いが頭の中でぐるぐると回るばかりです。

このような場合、元企業オーナーはどうすればよかったのでしょうか。倒産の理由は様々だと思いますが、一ついえることは、タックスマネジメントをしていれば、倒産を逃れるチャンスがあったかもしれないということです。

[図9]　課税の繰延で過去に支払った税金を取り戻す

<課税の繰延をしない場合>

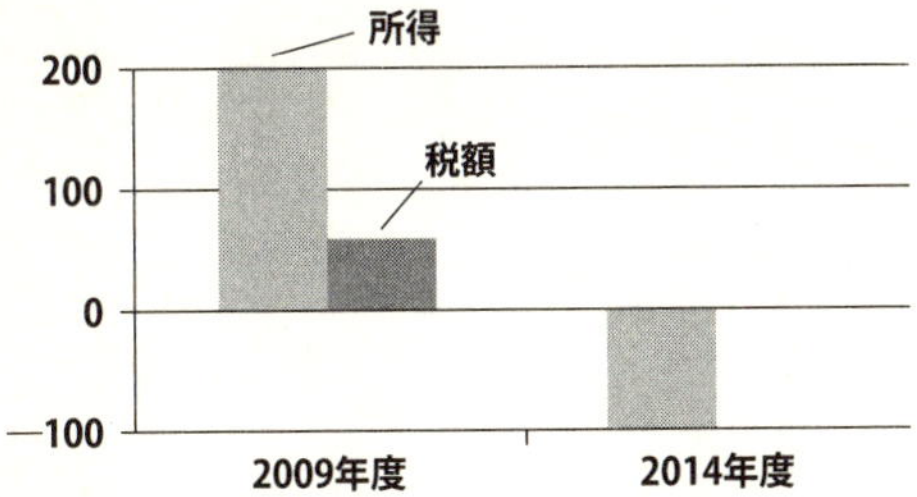

5年越しの所得は通算されないので、200の所得に課税され合計60の納税

<課税の繰延をした場合>

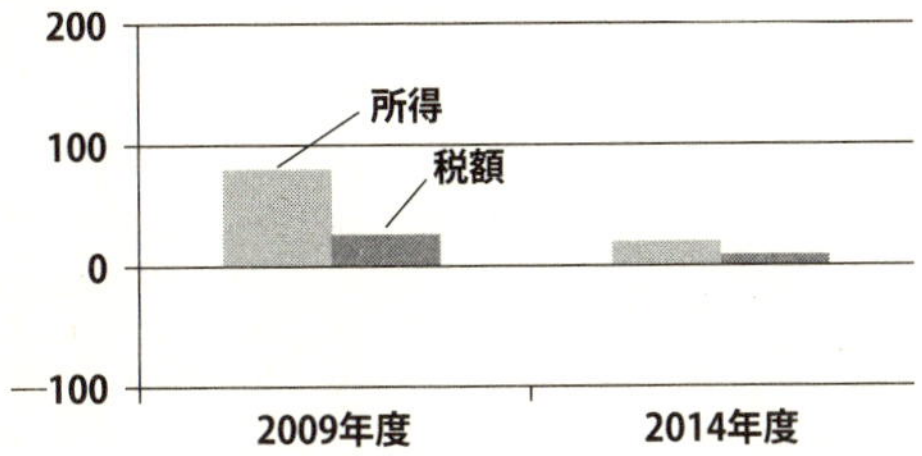

繰り延べているため80の所得、20の所得にそれぞれ課税され合計30の納税

タックスマネジメントとは、税金の支払いを納税者自身が合法的にコントロールすることです。自然体で成り行きに任せて税金を払っていると、いざ経営が傾いたときに使えるお金がないのです。前述したように、課税所得が赤字になったからといって、過去1年より前に支払った所得税や法人税を取り戻すことはできません。この元企業オーナーは、過去に法人税を素直に納めていたわけですが、もし減価償却を活用して課税の繰延を行っていれば、経営再建に使えるお金を残すことができたかもしれないのです。

例えば、法人税等の実効税率を35％と仮定して、事業年度当たり1億円を5年間、課税の繰延をしたとすると、「1億円×35％×5年＝1億7500万円」が節税になります。課税所得が赤字の時期に、このお金を経営再建資金として使えることになります（図10）。

つまり、課税所得が黒字のときには、合法的に課税の繰延をしたほうが得策だということです。何度も述べているとおり、払ってしまった税金は基本的に取り戻せないので、タックスマネジメントを実践何度も述べているとおり、することにより、会社経営の不確実性に備えることは、会社を万が一の危機から救う一つの助けになるはずです。

［図 10］ タックスマネジメントで当面の資金を作る

単位：万円

	対策前 所得	投資金額 （減価償却費）	投資回収額 （利益）	対策後 所得	節税額
1年	10,000	10,000	0	0	3,500
2年	10,000	10,000	0	0	3,500
3年	10,000	10,000	0	0	3,500
4年	10,000	10,000	0	0	3,500
5年	10,000	10,000	0	0	3,500
6年	−10,000		10,000	0	0
7年	−10,000		10,000	0	0
8年	−10,000		10,000	0	0
9年	−10,000		10,000	0	0
10年	−10,000		10,000	0	0
					17,500

タックスマネジメントを行うことにより、１～５年の節税額1億7500万円を６～10年の経営再建資金に使える

耐用年数よりも使用年数が長い資産が狙い目

減価償却資産の耐用年数は画一的に定められていると前述しましたが、その期間と実際に資産が使われる期間には、ギャップがあることがあります。

減価償却資産の使用期間（投資回収期間とも考えられる）としての法定耐用年数は、減価償却資産の物理的減価や機能的減価等を考慮して決められていると考えられます。

他方、減価償却資産の実際の使用年数は、法定耐用年数より長い場合もあれば短い場合もあります。減価償却資産の使い方や保守・修繕の程度、陳腐化の程度等により実際の使用年数は変わってくるからです。

例えば、パソコンは法定耐用年数４年ですが、皆さんは同じマシンを４年間使い続けるでしょうか。会社や人によると思いますが、ＩＴ機器は３年もすればシステムやソフトウェアが陳腐化してしまうことも、ままあります。特にＩＴ系の企業などでは、ビジネス上、常に最新のマシンに対応しなければならないので、実際に一つのマシンを使用する年数は、もっと短いかもしれません。

また、法定耐用年数より実際の使用期間が長いものもあります。飛行機は最も長い法定耐用年数が10年ですが、実際の使用可能年数（経済的耐用年数）は30～40年といわれています。

タックスマネジメントの観点から注目すべきは、法定耐用年数よりも実際の使用年数が長い減価償却資産です。法定耐用年数よりも実際の使用可能年数が長い資産は、中古資産として使用することができ、その場合の耐用年数は非常に短くできる可能性が高いからです。

航空機のように中古資産マーケットが発達している資産の場合、法定耐用年数を完全に経過した中古資産を取得すると、例えば、法定耐用年数が10年の大型飛行機（最大離陸重量130トン超）でも耐用年数は2年、定率法償却率は1・0ですので、1年で償却できる場合があります（図11）。

つまり短期間で多額の経費や損金を計上することができ、一時的な所得の圧縮と課税の繰延に役立つのです。一時的な所得の圧縮は非上場会社の株価引き下げに役立ち、その株式を贈与する場合、贈与税の負担軽減になります。課税の繰延はタックスマネジメントの

[図 11] 使用可能年数が長い資産が狙い目

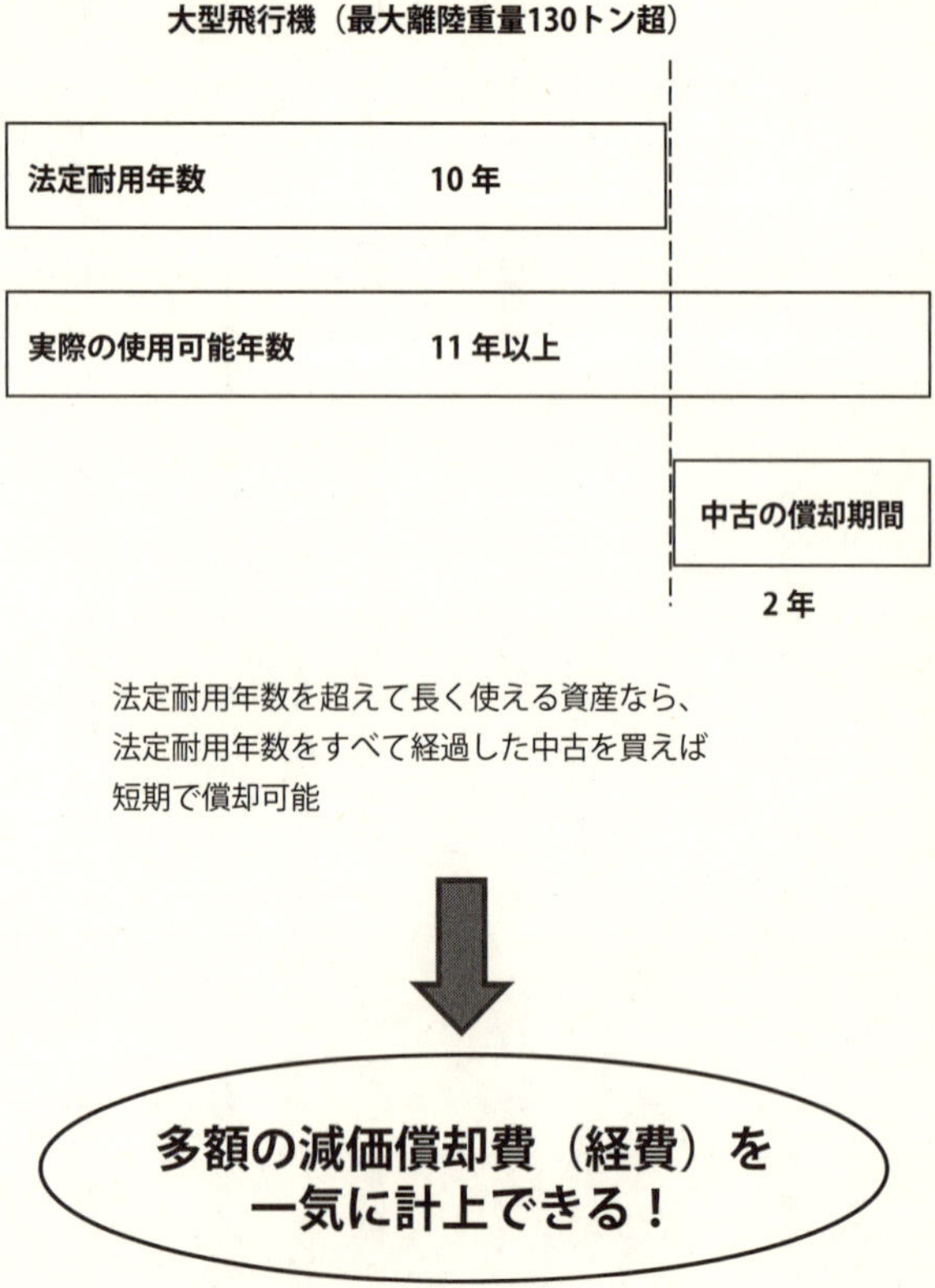
大型飛行機（最大離陸重量130トン超）
法定耐用年数
10 年
実際の使用可能年数
11 年以上
中古の償却期間
2 年
法定耐用年数を超えて長く使える資産なら、
法定耐用年数をすべて経過した中古を買えば
短期で償却可能
多額の減価償却費（経費）を
一気に計上できる！

定石であり、所得が黒字のときに、将来の赤字に備える必要があります。

定率法が使える資産なら、より早く多額の費用が経費に

減価償却とは、減価償却資産の取得に要した金額を一定の方法によって各課税期間の経費、損金として配分していく手続きであるということは先に述べたとおりです。しかし取得金額の配分方法は、単純に耐用年数で等分していくだけではありません。

減価償却費の配分方法には、「定額法」と「定率法」があります。

【定額法】

定額法とは、要するに耐用年数中、毎年同じ金額を経費計上するやり方です。

計算方法としては、「減価償却費＝取得価額×定額法の償却率」となります。例えば、取得価額100万円、耐用年数5年の1〜4年目の減価償却費は、20万円（＝100万円×0・2）となり、5年目は、19万9999円（＝期首帳簿価額20万円－1円）となりま

す。

【定率法】

もう一つの定率法は、毎年同じ率で減価償却費を計上する方法です。初めの課税期間ほど額が多く、年とともに逓減するように(ただし、一定年数を経過すると償却費は同額となる)取得価額が配分されていきます。

計算方法としては、「減価償却費＝未償却残高×定率法の償却率」となります(ただし、減価償却費が償却保証額に満たなくなった課税期間以後は、減価償却費＝改定取得価額×改定償却率になる)。例えば、取得価額１００万円(平成24年４月以降取得)、耐用年数５年の減価償却費は、

【１年目】40万円(＝１００万円×０・４)

【２年目】24万円(＝60万円×０・４)

【３年目】14・４万円(＝36万円×０・４)

【４年目】10・８万円(未償却残高21・６万円×０・４＝８・６４万円となり、償却保証額10・８万円＝１００万円×０・１０８(償却保証率)に満たなくなることから、計算方

法が切り替わり、21・6万円（改定取得価額（期首未償却残高））×0・5（改定償却率）＝10・8万円になる）

【5年目】10万7999円（＝期首未償却残高－1円）

となります。毎年、未償却残高の40%が計上されるので年々額が減っていくのです。

結論からいうと、課税の繰延の面では早く多く償却できる定率法のほうが定額法より断然優位にあります。定額法と定率法の減価償却費を比較すると、1年目では定額法20万円の減価償却費に対し、定率法40万円の減価償却費となっており、定率法が定額法の2倍の減価償却費を計上できることから、200%定率法といわれています。

しかし、どちらの償却方法を適用できるかは、減価償却資産の種類に応じて政令で定められています。例えば、建物等に関しては定額法のみ認められており、償却方法として定率法を使うことはできません。建物付属設備、構築物、機械及び装置、船舶、航空機、車両及び運搬具、工具・器具及び備品に限り、定額法と定率法のどちらかを選択することができます。

［図 12］ 定額法と定率法の違い

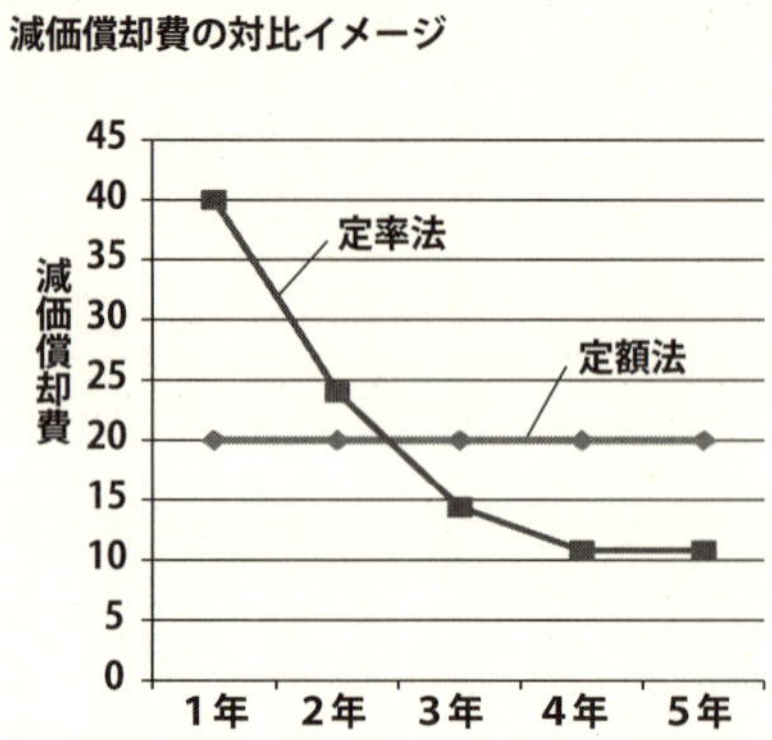

【定額法の計算式】
減価償却費＝取得価額×定額法の償却率
【定率法の計算式】
減価償却費＝未償却残高×定率法の償却率
（ただし、減価償却費＜償却保証額の場合、
減価償却費＝改定取得価額×改定償却率）

【定額法のみ使える資産】
・建物
・生物（器具備品に該当するものを除く）
・無形固定資産（一定のものを除く）
【定額法と定率法の選択が可能な資産】
・建物付属設備
・構築物
・機械及び装置
・船舶
・航空機
・車両及び運搬具
・工具・器具及び備品

また、この減価償却資産を活用した収入が5年間で毎年20万円（投資額100万円を5年間で回収）と仮定すると、定額法では収入額20万円－減価償却費20万円＝0で節税メリットは生じません。

それに対して定率法では、1年目に収入額20万円－減価償却費40万円＝▲20万円の赤字になり、全体所得引き下げによる課税の繰延効果があります。2年目でも、収入額20万円－減価償却費24万円＝▲4万円の赤字により、課税繰延の効果があります。3年目では、収入額20万円－減価償却費14・4万円＝5・6万円の黒字により、所得が増加し、1年目・2年目から繰り延べられてきた課税が行われます。同様に、4・5年目はさらに所得が増加し、繰り延べられてきた課税が行われることになります（図13）。

課税の繰延というタックスマネジメントには、定額法は基本的に馴染まず、定率法が馴染むことがおわかりいただけると思います。ただし、定額法が適用される場合であっても、耐用年数が実際の使用年数よりも極端に短い場合には、減価償却費の集中的な計上により、所得の引き下げを通じた課税の繰延を実現できる可能性があります。

[図 13] 定率法による減価償却の効果

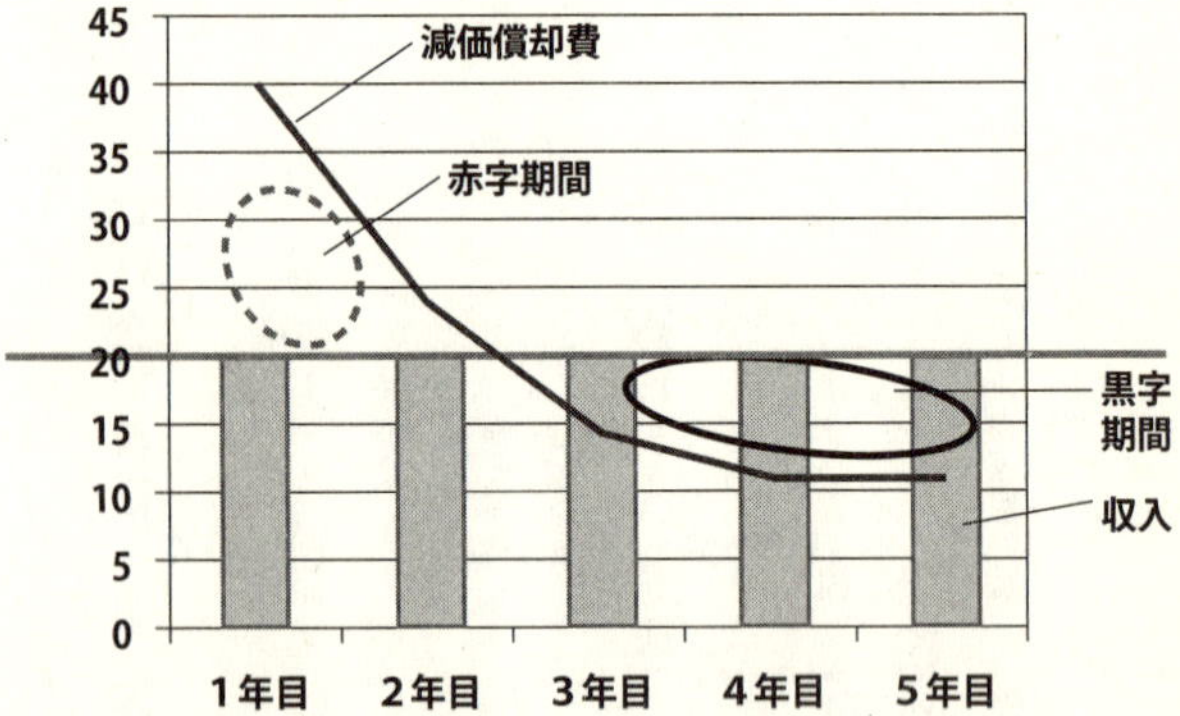

減価償却費が収入を上回る期間は赤字になり、収入を下回ると黒字になる

また、減価償却資産について定額法と定率法が選択適用できる場合、その基本となる方法（法定償却方法）は個人と法人で異なり、所得税法では「定額法」、法人税法では「定率法」と定められています。この取り扱いは、課税の繰延の観点から、法人は納税義務者有利、個人は納税義務者不利になると考えられます。償却方法の選択が認められているとき、個人が定率法を選択したい場合は、その旨の届け出を所轄税務署長にする必要がありますので、注意が必要です。

償却期間を短縮するワザもあり

減価償却資産の法定耐用年数が実際の使用可能期間と必ずしも一致しないことは先に述べたとおりです。そうであるなら、実際に使う期間で償却したいと考える人もいると思います。では、償却期間を変えることはできるのでしょうか。結論をいうと、ある程度は可能です。

青色申告書を提出する個人や法人が所有する減価償却資産の使用可能期間が次に掲げる

いずれかの事由によって、法定耐用年数に比して著しく短い場合（おおむね10％以上短い場合）には、あらかじめ国税局長の承認を受けて、その資産の承認を受けた未経過使用可能期間を新たな耐用年数として減価償却費の計算ができます。

耐用年数を短縮できる事由は、次の五つなどです。

① その資産の材質または製作方法がこれと種類及び構造を同じくする他の減価償却資産の通常の材質または製作方法と著しく異なること
② その資産の存する地盤が隆起しまたは沈下したこと
③ その資産が陳腐化したこと
④ その資産がその使用される場所の状況に起因して著しく腐食したこと
⑤ その資産が通常の修理や手入れをしなかったことに起因して著しく損耗したこと

国税局長の承認があった場合には、その承認があった日の属する課税期間以後、その承認された耐用年数によって償却することになります。実際に、この制度は利用されていますので、地震による地盤の隆起や沈下などにより、建物などの耐用年数が短くなったと思われる場合は、利用する価値があると思います。

このように法定耐用年数は短縮できる場合がありますので、短縮事由がある場合には、積極的に活用しましょう。

30％上乗せして費用計上できる特別償却

減価償却をより効果的に活用するために押さえておきたい制度として、「特別償却」というものがあります。

特別償却とは、政府の政策税制である租税特別措置法に基づいて、通常の減価償却費に上乗せする形で償却費を計上できる優遇措置です。政府の産業政策として、エネルギーの有効利用などの分野に民間部門の投資を促したい場合に、特別償却や特別税額控除がインセンティブとして使われます。

例えば、青色申告書を提出する中小企業者の法人等が取得した一定の機械等については、取得価額×30％が特別償却として、通常の減価償却費とは別枠で事業の用に供した課税期間の償却費とすることができます（図14）。

中小企業者の法人が、耐用年数10年の機械装置を期首に1000万円で取得し、事業供用したとすると、減価償却費は500万円となり、取得価額の半分が損金化できるので、課税の繰延に大いに役立ちます。

【普通償却費200万円（1000万円×0・2）＋特別償却費300万円（1000万円×0・3）】

また、この制度では特定中小企業者等に該当する法人については、特別償却に代えて法人税額から機械等の取得価額×7％を控除できる特別税額控除が選択適用できます。ただし、この税額控除は法人税額の20％が限度になりますので、特別償却と特別税額控除のどちらが有利かは、個別に検討する必要があります。

二つ目の例としては、医療保険業を営む青色申告法人が取得した一定の医療用機器等が

［図 14］ 特別償却で減価償却費を上乗せ

特別償却を使える 1000 万円・耐用年数 10年の減価償却資産を活用すると…

＜青色申告書を提出する中小企業者等が取得した場合＞

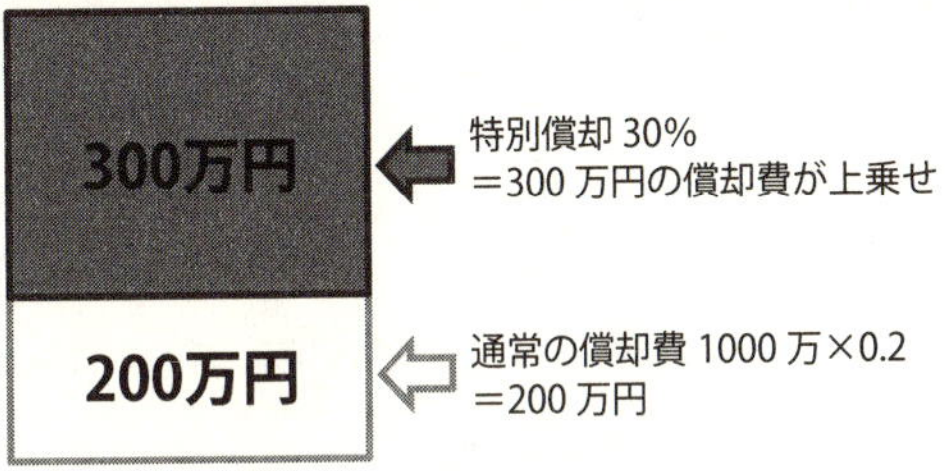

合計500万円を費用計上できる！

＜特定中小企業者等に該当する法人が取得した場合＞

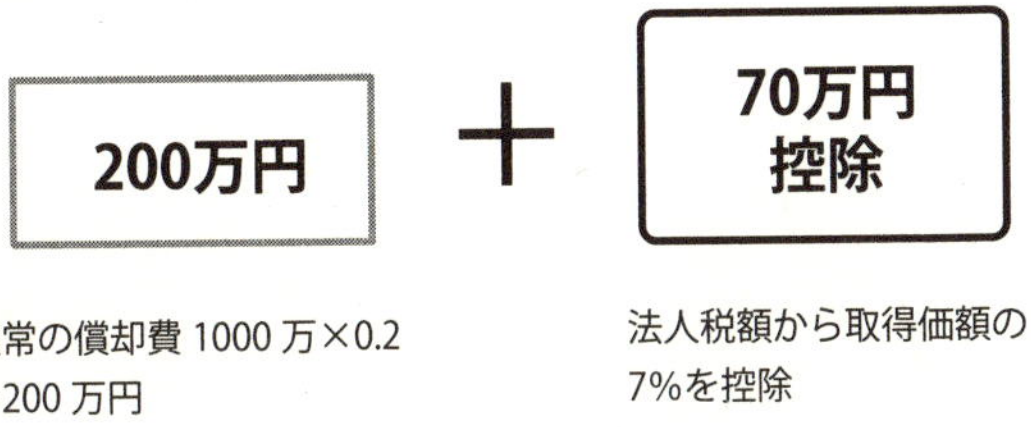

200万円の費用計上+最大70万円の税額控除も選択できる！

あります。これらについては、取得価額×12％または16％が特別償却になります。

もう一つ例を挙げると、法人が一定のサービス付き高齢者向け賃貸住宅を賃貸の用に供した場合があります。この場合は、通常の減価償却費に加えて、減価償却費×14％、20％、28％、40％（法定耐用年数等により異なる）が割増償却になります。この割増償却は、賃貸の用に供した最初の課税期間だけではなく、賃貸の用に供した日以後5年間（正味60か月）が対象になります。

このように特別償却は、減価償却資産が事業の用に供された最初の課税期間等に所得の減額要因として計上できますので、投資額が何らかの形で全額回収できるのであれば、課税を繰り延べるツールとしてとても効果的です。後述しますが、例えば太陽光発電設備を取得した場合、一定の要件を満たせば取得価額の全額を即時に償却できる制度もあります。

どのような資産が特別償却の対象となるかは、税制によって変わります。毎年の税制改正により、特別償却制度の内容、適用期間等が変更されていますので、特別償却を賢く活用する場合は、毎年の税制改正の内容を確認しましょう。

（その他の特別償却の例）

・生産性向上設備投資促進税制

青色申告書を提出する個人事業者や法人が、平成26年１月20日から平成28年３月31日までの間に、生産等設備を構成する機械装置、工具、器具備品、建物、建物付属設備、構築物及びソフトウェアで、一定の生産性向上設備等に該当し、かつ、一定の規模以上のものを取得等して、国内にあるその個人事業者や法人の事業の用に供した場合（貸し付け用を除く）には、取得価額の即時償却とその取得価額の５％（建物及び構築物については３％）の税額控除との選択適用ができる制度

・国内の設備投資額が増加した場合の機械等の特別償却

青色申告法人の平成25年４月１日から平成27年３月31日までの間に開始する各事業年度において取得等をした生産等資産の取得価額の合計額が、その事業年度における減価償却費の額を超え、かつ、比較取得資産総額の１１０％相当額を超える場合には、その事業年度において国内の事業の用に供した生産等資産のうち機械及び装置については、

その取得価額の30％の特別償却または3％の税額控除ができる制度

減価償却できないもの

時の経過によりその価値が減少しない資産と事業や業務の用に供していない資産は減価償却の対象から外れており、非減価償却資産とされています。

時の経過によりその価値が減少しない資産の例としては、土地、借地権、書画骨董などがあります。事業や業務の用に供していない資産の例としては、建設中の資産や稼働休止中の資産があります。

非減価償却資産は、個人や法人の所得計算において、経費や損金化できませんので、その取得については、タックスマネジメントの観点から慎重に検討する必要があります。

少額資産は一括して経費化

減価償却資産の取得価額は法定耐用年数で期間配分していくことが原則とされていることは先に述べました。しかしながら、減価償却資産を取得し、業務や事業の用に供した課税期間で一括して経費や損金で落とせるものが三つあります（図15）。

（1）①使用可能期間が1年未満の減価償却資産または②取得価額が10万円未満の減価償却資産は、その取得金額の全額を業務や事業の用に供した課税期間の必要経費や損金とすることができます。

例えば、使用可能期間が1年未満の償却資産としては、コマーシャルフィルムなどがあります。取得価額が10万円未満の償却資産としては、賃貸用アパートの一部屋（室）当たりのカーテンの取得価額が5万円の場合などが該当します。

（2）取得価額が20万円未満の減価償却資産については、一定の要件のもとでその減価償却資産の全部または一部を一括し、その一括した減価償却資産の取得価額の合計額を3年間で均等償却し、各課税期間の必要経費や損金とすることができます。

例えば、プリンター（単価15万円）を5台購入（取得価額75万円）して、事業供用した場合、原則として3年間で均等償却できますので、一課税期間当たり、25万円を減価償却費として、経費・損金にできます。

（3）後述する中小企業者等の少額減価償却資産の取得価額の必要経費や損金算入の特例があります。

所得の黒字が大きい課税期間においては、事業や業務に必要不可欠な少額の減価償却資産を取得することが節税になり、事業経営上も有益と考えられます。ただし、所得が黒字だからといって、くれぐれも無駄遣いにならないように注意しましょう。

[図15]　一括して経費や損金にできるもの

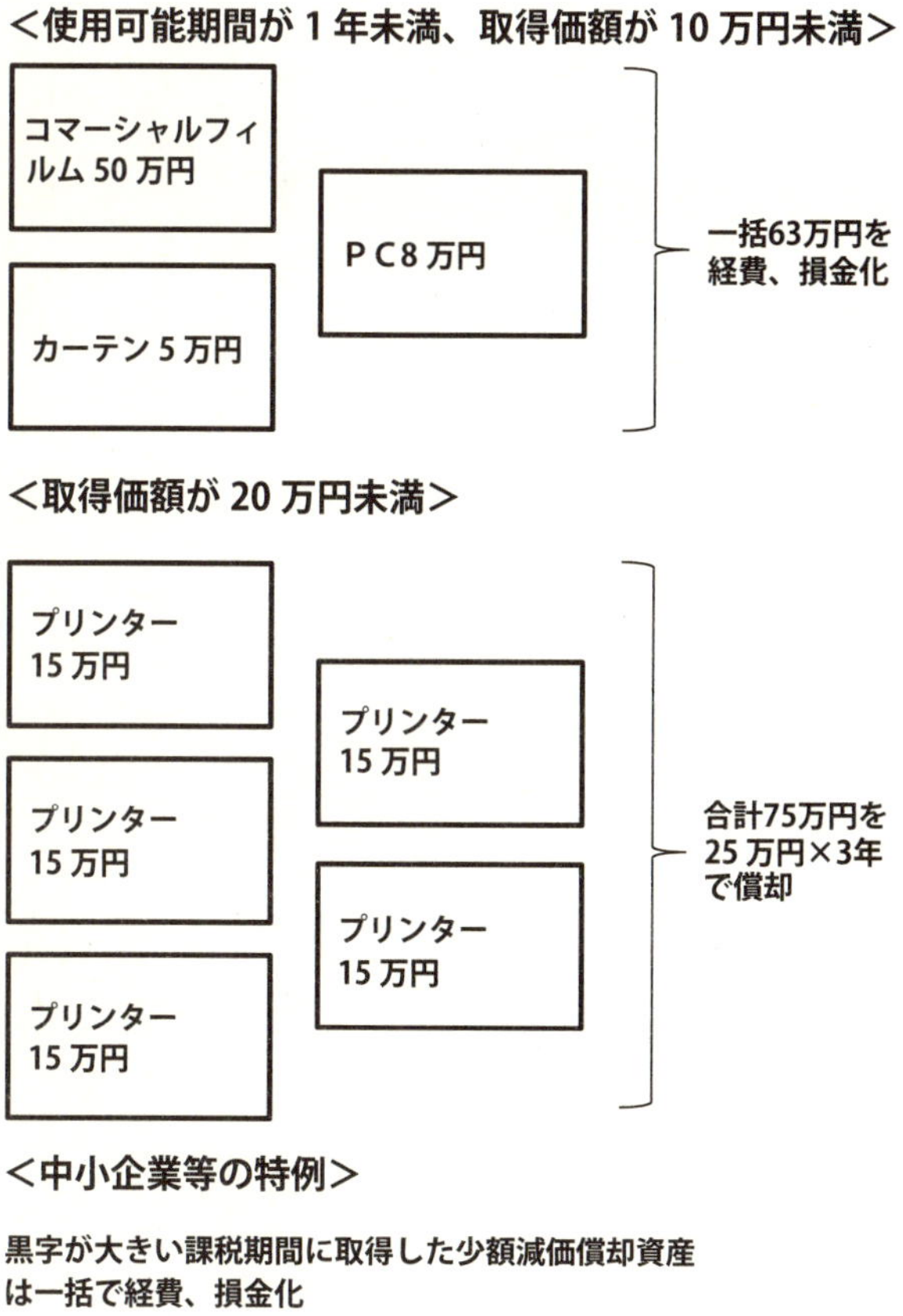
＜使用可能期間が1年未満、取得価額が10万円未満＞
コマーシャルフィルム50万円
カーテン5万円
PC8万円
一括63万円を経費、損金化
＜取得価額が20万円未満＞
プリンター15万円
プリンター15万円
プリンター15万円
プリンター15万円
プリンター15万円
合計75万円を25万円×3年で償却
＜中小企業等の特例＞
黒字が大きい課税期間に取得した少額減価償却資産は一括で経費、損金化

減価償却の赤字は対銀行でも問題ない

皆さんのなかには、減価償却を使って課税を先送りにして、将来の赤字に備えたりすることなどは理解できるけれども、そんなことをすれば、会社の利益が減ったり、赤字になったりして、銀行からの融資等に悪影響が出るのではないかと心配される人もいると思います。

結論からいえば、減価償却は銀行からの融資等に対して、影響を与えないと考えられます。銀行が注目しているのは、「会社がお金を稼ぐ力」です。そして、銀行が貸したお金に利息を付けて返してくれるかどうかです。

会社がお金を稼ぐ力とは、利益＋減価償却費を基本として算出されます。なぜ、減価償却費が利益に加算されるのかといえば、減価償却費は現金が社外に流出しない会社の費用だからです。例えば、社員の給与は会社の費用に計上されますが、同時に現金が会社から社員に流出してしまいます。一方、減価償却費は会社の費用に計上されたからといって、その分の現金は社外に流出しません。会社の利益自体は、もともと減価償却費が差し引かれていますので、会社がお金を稼ぐ力を見る場合は、会社の利益に減価償却費を加えないと、会社がどれだけお金を生み出せているのかがわからないのです。

　このように、減価償却を使ったタックスマネジメントが、一般的に銀行融資等に影響を与えないことがおわかりいただけたと思います。会社を経営して利益を上げるのは、大変立派なことですので、さらに一歩踏み込んで、減価償却を使ったタックスマネジメントを行えば、万が一の経営危機の備えにもなりますし、自社株の贈与なども容易に行うことができますので、経営の一項目として取り組まれることが有益でしょう。

先んずればトクをする――減価償却を活用した節税の規制の歴史

　ここまで解説してきた減価償却による節税は、以前から中小企業オーナーなどの資産家の間でよく行われていたものです。しかし、極端な活用が増えるにしたがって規制されてきた歴史があります。税法と節税の関係を理解する助けになるので、簡単に振り返っておきましょう。

減価償却を活用した節税は過去大きく3回規制されてきました。一番目は、平成10年度税制改正により、平成10年4月1日以降取得された建物の償却方法が定額法に限定されたことです。平成10年3月31日以前に取得した建物には、定額法または定率法の選択が認められていました。

この規制の背景には、賃貸マンションなどに投資をした個人や法人が、投資初期に定率法を利用してその不動産に関する所得を赤字にし、それを他の所得の黒字と相殺して節税して、課税を繰り延べる事例が多かったことがあるのでしょう。

そこで、建物の減価償却方法としては、課税の繰延がしにくい定額法のみに限定されることになったと考えられます。

二番目は、平成17年度税制改正です。この改正前は、航空機等を何人かで共同で所有し(任意組合)、減価償却を活用して各共同所有者の不動産所得(航空機の貸付については不動産所得)を赤字にして、他の給与所得、事業所得等との損益通算を行うことにより、課税の繰延を行うとともに、航空機等を5年超保有していると長期譲渡所得が2分の1になる税法の規定を利用することで、全体として節税を実現することが合法なものとして行われていました。

そこで、こうした節税策を防止するため、組合事業への実質的な関与度合いが低い組合員（特定組合員）である個人が、平成18年以後の各年において、組合事業から生じる不動産所得の赤字がある場合には、所得税法上、その赤字は生じなかったものとみなすこととされました。これにより、組合事業から生じる不動産所得の赤字を他の黒字の所得と相殺することはできなくなりました。なお、特定組合員とは、いわゆる任意組合などの組合契約を結んでいる組合員のうち、重要業務を執行等しない組合員をいいます。

また、有限責任事業組合（組合員である出資者が出資額までしか責任を負わない組合）においても、任意組合等に対する措置と平仄《ひょうそく》を合わせるため、組合事業から生じる赤字は調整出資金額（各組合員の出資金額等）の範囲内に制限されました。

さらに平成19年度税制改正では、信託契約を使った場合でも信託財産として航空機等を所有して、受益者がその不動産所得の赤字を損益通算できることから、特定受益者に帰属する信託から生じた不動産所得の赤字についても組合事業と同様に、その赤字は生じなかったものとみなすこととされました。なお、特定受益者とは、信託の受益者と信託の変更をする権限を現に有し、かつ、信託財産の給付を受けることとされている者をいいます。

こうした税制改正の背景には、航空機リース事件の裁判（名古屋高判平成17年10月27日）があります。この事件の概要は、個人の投資家である原告が航空機リース事業を営む民法上の組合へ出資したところ、被告税務署長がその組合契約は民法上の組合契約ではなく利益配当契約であるとして、不動産所得の損失の損益通算を認めない更正等処分を行ったのですが、結果は国側が敗訴した事件です。

そこで、組合事業や信託において不動産所得の赤字を創出して、課税の繰延を図る節税が立法措置により、規制されることになったわけです。

三番目は、中小企業者等が少額減価償却資産の取得価額を、必要経費や損金算入する際の特例についてです。

この制度は、青色申告書を提出する中小企業者に該当する個人や法人等が、取得価額30万円未満の減価償却資産の取得等をした場合に、その取得価額の全額について必要経費や損金算入を認めるもので、平成15年4月からスタートした政策税制です。

平成15年4月1日から平成18年3月31日までの間に取得価額30万円未満の減価償却資産を取得等した場合、その取得価額の全額を無制限に必要経費や損金に算入できました。

例えば、取得価額1個25万円のコンテナを１０００個取得して賃貸用にした場合、２億５０００万円の減価償却費を計上して、それを他の黒字の所得と相殺して課税を繰り延べて、投下資金は賃貸料として回収することが可能となりました。課税を繰り延べる自由度が高まったわけです。

そこで、中小企業者等が平成18年4月1日から平成28年3月31日までの間に取得等し、事業の用に供した少額減価償却資産の取得価額の合計額については、各課税期間において必要経費や損金に算入できる限度額が３００万円とされました。無制限に課税が繰り延べられてしまうことを防止するため、３００万円という枠が設定されたのではないかと思われます。

他にも、太陽光発電設備などの即時償却制度を利用した極端な課税の繰延を防止するため、即時償却の対象資産を貸し付け用にした場合、即時償却を活用できない仕組みになっています。

［図 16］ 3 度にわたる減価償却を使った節税への規制

（1） 平成10年度税制改正

平成10年4月1日以降取得された建物の償却方法を、定額法に限定

↓

建物の減価償却に定率法が使えなくなり、短期に多額の課税を繰り延べることが難しくなった

（2） 平成17年度、平成19年度税制改正

平成18年以降、組合事業への関与度合いが低い個人の場合、組合事業から生じる赤字はなかったことに

信託財産の受益者が、信託から生じた不動産所得の赤字については、なかったことに

↓　↓

組合事業や信託から生じる不動産所得の赤字を損益通算できなくなり、所得の減少による課税の繰延が不可能になった

（3） 中小企業等の少額資産に関する特例の規制

中小企業者等が平成 18年 4 月 1 日から平成 28年 3 月31日までの間に取得等し、事業の用に供した少額減価償却資産の取得価額は、経費や損金に一括計上できる金額が合計300万円までに

↓

少額資産を大量購入して無制限に課税を繰り延べることが不可能になった

第2章　高級中古車、クルーザーは使い勝手のいい償却資産

耐用年数が短い中古資産を活用する

本章以降、具体的な償却資産の活用法について解説していきたいと思います。

減価償却を活用した節税として最もオーソドックスなものに高級中古車があります。最近は中小企業のオーナーが事業用の車として高級中古車を使っているのをよく見かけるようになりました。高級中古車は性能が新車とそれほど変わらないにもかかわらず、新車と比べて価格が安く、しかも節税にも役立つということで、ある程度人気があるのでしょう。

減価償却資産を活用したタックスマネジメントは、課税の繰延行為であることを前章で解説しました。課税の繰延を行うということは、償却資産に関する所得が投資の初期では赤字で、後半には黒字になることです（図17）。投資の初期の段階で償却資産に関する所得を赤字にするためには、減価償却費を大きく計上する必要があります。減価償却費を大きく計上するためには、耐用年数が短ければ短いほどいいわけです。

つまり、課税の繰延ができるかどうかは、耐用年数を短縮できるかどうかが一つのポイントになる、ということです。

[図 17]　中古資産の課税の繰延のイメージ

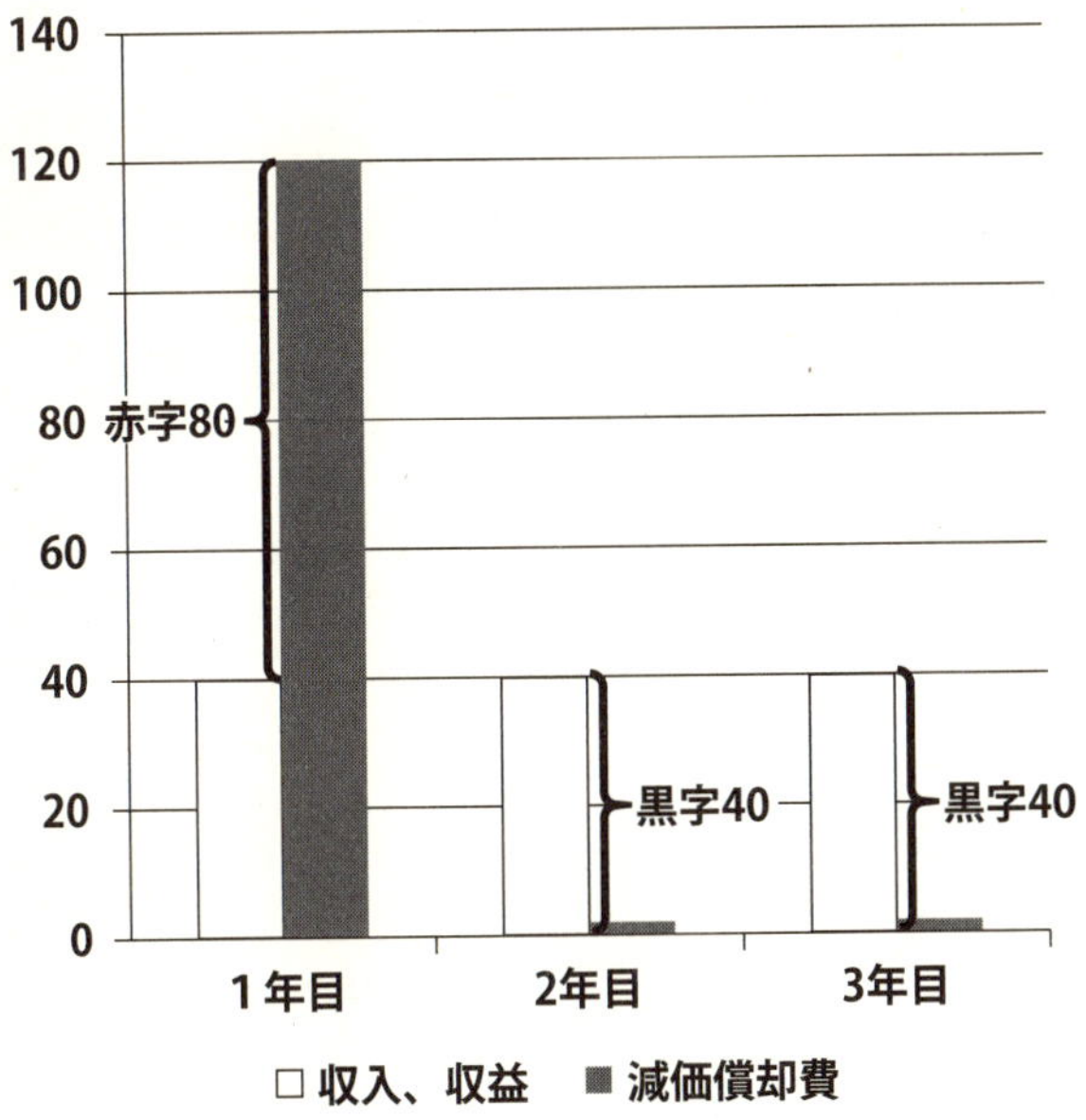

＜前提＞

- 取得価額＝120
- 償却資産の耐用年数＝2年
- 償却方法＝定率法
- 定率法償却率＝1.0
- 投資額120を3年で均等に回収

まず、中古資産を取得した場合の耐用年数について、税法上どのようなルールになっているのかを、見ていきましょう。

個人や法人が中古資産を取得した場合の耐用年数は、その中古資産を事業や業務に使い始めたとき以後の使用可能期間の年数が原則とされています。この方法は、個人や法人が中古資産の使用可能年数を適正に見積もる必要があるため、「見積法」と呼ばれています。

しかしながら、中古資産の使用可能年数を適正に見積もることは困難な場合があります。国税庁の通達によれば、その事由は二つです。一つは、その見積もりに必要な資料がないため、技術者等が積極的に特別の調査をしなければならない場合です。もう一つは、耐用年数の見積もりに多額の費用を要すると認められる場合です。

これらの場合には、次の「簡便法」と呼ばれる方法により、中古資産の耐用年数を計算することが認められています。簡便法とは、一定の簡便な計算式により耐用年数を算出する方法で、中古資産の経過年数に応じて二つの計算式があります。

【中古資産の経過年数が法定耐用年数の全部を経過している場合】

耐用年数＝法定耐用年数×20％

例えば、築23年の住宅用木造建物（法定耐用年数22年）を取得した場合、その耐用年数は、法定耐用年数22年×20％＝4年となります。なお、簡便法においては1年未満の端数は切り捨てます。

【中古資産の経過年数が法定耐用年数の一部を経過している場合】

耐用年数＝法定耐用年数－経過年数＋経過年数×20％

例えば、築20年の住宅用木造建物を取得した場合、その耐用年数は、法定耐用年数22年－経過年数20年＋4年（経過年数20年×20％）＝6年となります。簡便法においては、1年未満の端数は切り捨てますが、耐用年数が2年未満となる場合は、2年とされます。なお、中古資産の経過年数が不明な場合には、その資産の構造、形式、表示されている製作の時期等を勘案してその経過年数を適正に見積もることとされています。

中古資産の耐用年数は、見積法が原則とされており、見積もることが困難な場合にのみ簡便法が認められていますので、見積もり困難な二つの要件のうち、どちらかを満たしているか、しっかり確認する必要があります。

中古資産の耐用年数を短縮させ、短期間で多くの減価償却費を計上するためには、簡便法を活用する必要があることがおわかりいただけたと思います。

しかしながら、中古資産に対して、一定の「資本的支出」を行った場合には、簡便法が使えなくなりますので、注意が必要です。

なお、資本的支出とは、その資産の使用可能期間を延長させる、あるいは価値を増加させるような支出です。建物の避難階段の取り付けや用途変更のための模様替えに直接要した金額は、資本的支出の代表例です。資本的支出は原則として資産に計上し、減価償却をしていくことになります。

この資本的支出をどの程度行ったかによって、耐用年数の算定が変わってきます。

第一に、中古資産を取得した場合において、資本的支出の金額がその資産の再取得価額（その中古資産と同じ資産を新品で購入した場合の価額）の50％を超えるときは、見積法

［図 18］ 中古車の資本的支出

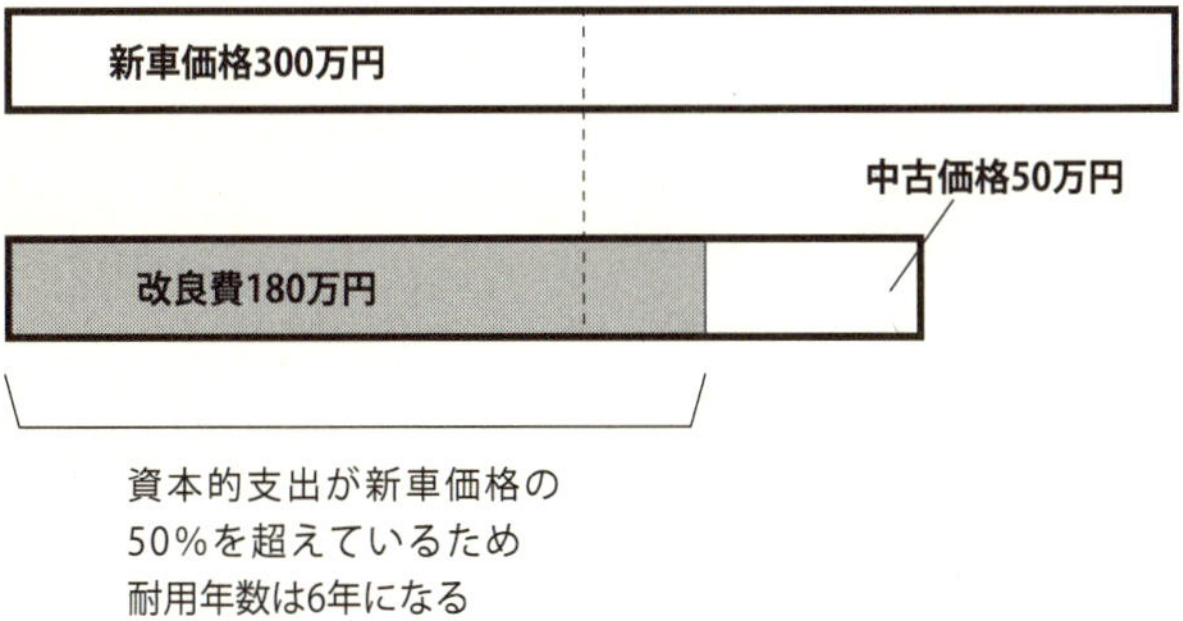

や簡便法を使うことはできず、新品の法定耐用年数を使うことになります。

　例えば、新車価格３００万円の乗用車を10年落ちの中古で50万円で購入し、エンジンの取り換えなどの改良に１８０万円を支出したとすると、資本的支出１８０万円が１５０万円（新車価格３００万円の50％）を超えていますので、見積法や簡便法を使うことはできず、法定耐用年数６年により償却することになります（図18）。

　第二に、中古資産を取得した場合において、資本的支出の金額がその資産の取得価額の50％を超えるときは、簡便法を使うことはできず、見積法（図19の簡易な計算方法を使うことができる）を使うことになります。

［図 19］ 残存耐用年数の見積もり計算法

（１年未満の端数切捨て）

残存耐用年数＝

中古資産の取得価額＋資本的支出÷

$$\left[\frac{\text{中古資産の取得価額}}{\text{中古資産の簡便法による耐用年数}}+\frac{\text{資本的支出}}{\text{中古資産の法定耐用年数}}\right]$$

例えば、築23年の木造賃貸アパートの建物を１０００万円で取得し、使用するに当たり建物の改修に６００万円を支出したとすると、資本的支出６００万円が５００万円（建物の取得価額１０００万円の50%）を超えていますので、簡便法（簡便法による耐用年数４年）を使うことはできず、見積法を使うことになり、耐用年数は5年になります。

つまり、中古資産に対して、その取得価額の50%を超える資本的支出を行うとともに、簡便法による比較的短い耐用年数で減価償却を行うことはできないような仕組みになっているわけです。

4年落ちの中古高級車なら、1年で取得価額を全額経費化

社用車としては4年落ちの中古車が節税になると巷間よくいわれています。なぜ新車ではなく4年落ちの中古車なのでしょうか？　それは課税の繰延の点で中古車のほうが有利だからです。新車と中古車の耐用年数を比較してみましょう。

まず、新車の普通車の法定耐用年数は6年です。

自動車には定率法が使えるので、取得価額1000の減価償却費を見てみましょう。

【1年目】　333＝「1000×0・333」

【2年目】　222＝「667×0・333」

【3年目】　148＝「445×0・333」

【4年目】　99＝「297×0・334」

【5年目】　99＝「297×0・334」

【6年目】　99（未償却残高1円まで償却）

一方で、4年間使用した中古自動車の耐用年数は、見積法が使えず簡便法を使うとし

て、「6年（法定耐用年数）－4年（経過年数）＋0・8年（経過年数×0・2）＝2年（1年未満の端数切り捨て）」となります。耐用年数2年の定率法償却率は1となるので、課税期間の初めの月に取得して1年間使用した場合には、その課税期間において、取得価額－1円の分、所得を減らすことができます。

取得価額1000の4年落ち中古車を課税期間の初めの月に取得して1年間使用した場合の減価償却費は、1000（未償却残高1円を除く）になります。

新車と4年落ち中古車の1年目の減価償却費を比較すると、1000－333＝667も違うということです。

では、中古車を利用した課税の繰延方法について、具体的に見てみましょう。

例えば、400万円で中古車を取得したとします。減価償却費を約400万円計上し、その分所得が減少するため、法人税等の実効税率を35％とした場合、140万円の節税になり、その分の現金を節約できます。

2年目は減価償却費が0円になるため、前年に購入した中古車は課税期間の最初の月に400万円で売却します。売却益が約400万円得られれば、同時に4年落ちの中古車を再び４００万円（売却代金４００万円を充てる）で取得することができます。そして２台目の減価償却費を約４００万円計上すると通算してプラス・マイナス・ゼロになり、１年目の節税額１４０万円を維持することができます。こうして課税を繰り延べていくのです。

ただ、１台目の中古車が購入時と同額で売れるとは限りません。中古自動車の売却または使用により得られる利益額が４００万円未満の場合には、節税額１４０万円を次第に失っていくことになります。

仮に、４００万円で購入した中古自動車が２６０万円未満でしか売れないとすれば、節税して手元に残った１４０万円を全額プラスしたとしても、次の４００万円の４年落ち中古車を買うことはできないわけです。

このように、課税の繰延を続けていくためには、投資した金額が全額回収されることが前提になるのです。

ただし、ここでは毎課税期間の所得が黒字であることを前提にしています。所得が黒字の課税期間の翌課税期間以降に赤字の課税期間がある場合には、所得が黒字の課税期間では減価償却により所得を減らし、所得が赤字の課税期間では中古自動車の売却益を計上します。こうして所得の赤字を減らすことで全体として節税を図るというのが、減価償却を活用したタックスマネジメントです（図20）。

［図 20］ 中古車の課税の繰延イメージ

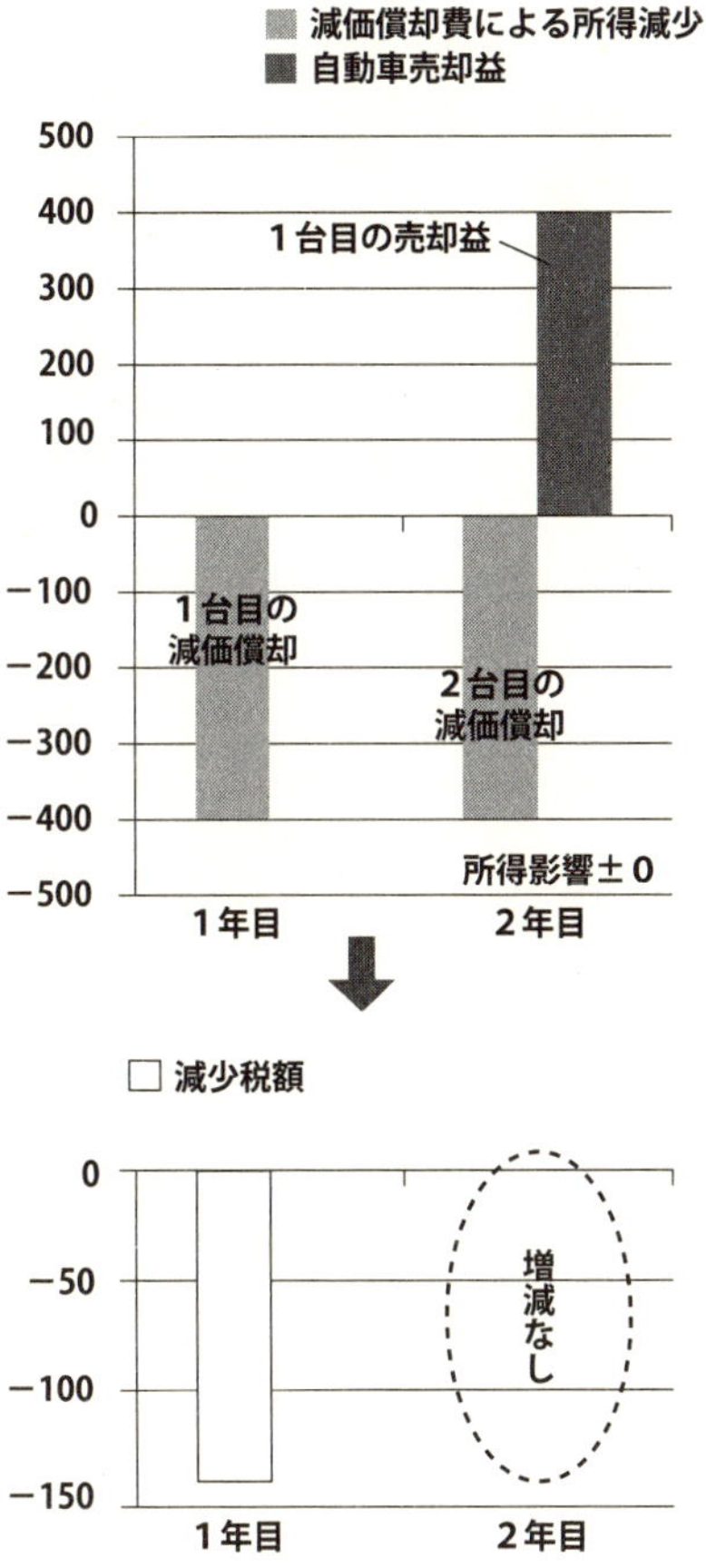

【中古高級車等を使った節税額のイメージ（法人）】

（設例）

- 期首購入（使用期間12か月）、同時に事業供用
- ４年落ち中古車
- 取得価額：700万円
- 減価償却費：約700万円
- 法人税実効税率35.64%と仮定

- **法人税等の減少額**

  700万円×35.64%＝**約249万円**

どんな豪華クルーザーも4年で減価償却

高級中古車と並んでポピュラーな減価償却資産に、クルーザーがあります。

クルーザーは、総トン数が20トン未満で鋼船、木船以外のものについては、法定耐用年数が４年と短く、定率法も使えるため、償却率が０・５になります。

つまり、中古自動車と同じく短期間で多額の減価償却費を計上できるので節税に使いやすいのです。

例えば、法人が新品のクルーザーを２０００万円で取得して、１年間使用した場合の減価償却費は、

【１年目】１０００万円＝「２０００万円×０・５」
【２年目】５００万円＝「１０００万円×０・５」
【３年目】２５０万円＝「５００万円×０・５」
【４年目】２５０万円（未償却残高１円を除く）

となり、比較的短期間で法人の所得計算上、損金化できることになります。

ただし、クルーザーを取得するために、その法人から現金が2000万円流出しており、その回収を図ることについてどのように考えるのかが、クルーザーを取得するに当たって検討しなければならないポイントになります。

また、クルーザーは維持費も高額なため、維持費を支払うことができる所得を将来にわたって稼ぐことが可能かどうかについても考慮する必要があるでしょう。

なお、ヨットについては、法定耐用年数が5年とされており、クルーザーよりも1年長く使えると考えられています。

国税はクルーザーを見ている?

あるオーナー社長が念願のクルーザーを購入しました。節税にも使えると聞いて青い海でのクルージングライフを満喫していました。ところが法人税の申告をしてみると減価償却費として認められない……。これはなぜでしょう。

法人がクルーザーを保有して、その減価償却費を法人の所得計算において損金にするためには、法人がそのクルーザーを事業の用に供していること、つまり会社の事業用に使っていることが前提となります。

しかしながら、税務署からすれば、法人はそのクルーザーを本当に事業に使っているのだろうか？　と怪しく見えてしまいます。極端にいえば、クルーザーを買ったというだけで目を光らせます。

法人の代表者や役員のみが個人的にそのクルーザーを使っているのではないだろうか、クルージングという個人的な趣味の費用を法人の損金に付け込んでいるのではないだろうか、という疑問が生じる場合もあるわけです。

そこで、その法人の法人税・消費税について税務調査が行われるときには、そのクルーザーの利用実態について調査されることがあります。

本当に自分ひとりで使っていたのであれば言い逃れのしようもありませんが、実際に法人で利用しているのに疑われるのは釈然としません。では、どうすれば事業の用に供していると証明できるのでしょうか。

利用簿を作って「会社で使った証拠」を残す

会社でクルーザーを使っていることを証明するのは簡単です。きちんと証拠を残しておけばよいのです。最も手っ取り早いのが利用簿の作成でしょう。

法人がクルーザーを取得する理由としては、クルーザーを利用した法人全体の従業員・役員の福利厚生活動のため、というのが一般的です。そこで、特定の役員や従業員のみがクルーザーを利用するのではなく、従業員や役員の誰もが利用できるという利用規程を定めるとともに、クルーザーの利用簿をきちんと作成しておくのです。

利用簿があれば、会社のルールのなかでクルーザーが利用されており、きちんとルールに則って福利厚生として活用されている証拠になります。あらぬ疑いをかけられないためにも、証拠をきちんと残しておくことが税務調査におけるトラブル防止に役立ちます。

このようなちょっとした手間を省略すると、クルーザーの減価償却費が代表者や役員に対する給与と認定されて、法人の所得計算において損金にならず、代表者等の源泉所得税が増加し、さらには、消費税においてクルーザーの取得時に支払った消費税が控除できないという事態になる可能性もありますので、十分注意が必要です。

このような「本当に事業の用に供しているか」という問題は、減価償却の全般的な注意事項として第6章でもあらためて解説します。

福利厚生の充実と節税でオーナー社長は二度おいしい

クルーザーの取得によるメリットは、節税だけではありません。社用のクルーザーがあれば、社員を乗せてのクルージングなどに使って従業員の意欲や士気を高めることもできるでしょう。

そもそも法人がクルーザーを取得すれば、当たり前ですが取得金額の現金が社外に流出してしまいます。その投資額をクルーザー自体から紐付きで全額回収することも一般的には難しいでしょう。そのため、中古自動車の項目で解説したような課税の繰延を続けることによるタックスメリットは、あまり期待できない可能性もあります。

そうなるとクルーザーを取得する意義は、法人税等を支払う代わりに、従業員等の福利厚生の向上にお金を使うことを意味すると考えられます。クルーザーを取得できるほど法人として黒字経営ができているという自負や従業員等の士気高揚、新入社員をリクルートしやすいといったメリットのほうが法人経営にとっては有用なのかもしれません。

【クルーザーを使った節税額のイメージ（法人）】

（設例）

- 期首購入（使用期間12か月）、同時に事業供用
- 新艇
- 取得価額：1億円
- 減価償却費：5000万円
- 法人税実効税率：35.64%と仮定

- **法人税等の減少額**

  5000万円×35.64%＝**約1782万円**

第3章　不動産は「建物割合」を大きくとって利益圧縮

減価償却を狙うなら中古木造アパートがおすすめ

減価償却を活用した節税に使える中古資産として、中古アパートが人気です。

企業のオーナー社長などの資産家には、不動産投資を行っている人も多くいらっしゃいます。不動産投資による所得が黒字化してくると、当然その分の税金が発生します。そのため、減価償却で赤字を出せる物件を新たに取得して、黒字を相殺するという手法もよく見られます。

不動産のなかでも、減価償却でおすすめなのは中古の木造アパートです。なぜ新築でなく中古、RC造でなく木造がよいのでしょうか。それは、より短期に多額の減価償却費を計上可能だからです。

まず中古資産の耐用年数については、見積法が原則であり、見積法の適用が困難な場合に簡便法を使うことができることを先に述べました。簡便法を使うことができれば、耐用年数を短縮して、建物について早期に減価償却を終えることができます。個人の不動産所得が赤字になった場合には、事業所得や給与所得等と損益を通算することにより、課税の繰延を図ることが可能です。

次に構造についてです。鉄筋コンクリート造の住宅用建物の法定耐用年数が47年であるのに対し、木造の住宅用建物の法定耐用年数は22年と半分以下です。そのため、木造のほうが簡便法を使った耐用年数の短縮に適しているのです。

節税の基本的な仕組みは中古自動車と同様ですが、投資額が大きい分、単年度の節税効果も大きくなります。また、不動産の売却時に売却益が生じる場合、売却した年の１月１日時点でその不動産を５年超保有していると、その売却益は長期譲渡所得になり、20・315％（地方税と復興税を含む。以下同じ）の税率が適用されます。不動産所得の赤字で相殺される他の所得に適用される税率（最高55％（平成27年分以降。地方税を含む。復興税を除く。以下同じ））と20・315％の差が、節税になるのです。

具体例をもとに見てみましょう。

【設例１】

手持資金：４０００万円

取得物件：築23年の中古木造アパート（土地2000万円、建物2000万円）
賃貸収入：年間320万円
必要経費：年間120万円（減価償却費を除く）
保有期間：5年間
売却価額：3000万円

このケースでの1〜4年目の不動産所得を計算してみます。

「賃料収入320万円－減価償却費500万円（2000万円×0・25）－その他必要経費120万円＝▲300万円」

300万円の赤字となり、事業所得や給与所得等の黒字と相殺することができ、課税の繰延を図ることができます。最高税率55%が適用されると仮定すると、節税額は、660万円（＝300万円×55%×4年）になります。

では5年目はどうなるでしょうか。5年目の不動産所得は、

「賃料収入320万円－減価償却費0円－その他必要経費120万円＝200万円」

で２００万円の黒字となり、最高税率55％が適用されると、税額は１１０万円になり、課税の繰延が終了しています。さらに、６年目には、売却価額３０００万円－約２０００万円（土地＋建物１円）＝約１０００万円の譲渡所得が発生し、所得に対して20・３１５％の税率で課税され、税額は約２０４万円になります。節税の合計額は、６６０万円－１１０万円－２０４万円＝約３４６万円になります。

続けて同額で別の物件を取得した場合の例です。

【設例２】
手持資金：４０００万円
取得物件：築23年の中古木造アパート（土地１０００万円、建物３０００万円）
賃貸収入：年間３２０万円
必要経費：年間１２０万円（減価償却費を除く）
保有期間：５年間

売却価額：３０００万円

１～４年目の不動産所得は、次のとおりです。

「賃料収入３２０万円－減価償却費７５０万円（３０００万円×０・２５）－その他必要経費１２０万円＝▲５５０万円」

５５０万円の赤字となり、課税の繰延を図ることができます。最高税率55％が適用されると仮定すると、節税額は、１２１０万円（＝５５０万円×55％×４年）になります。そして５年目の不動産所得は、

「賃料収入３２０万円－減価償却費０円－その他必要経費１２０万円＝２００万円」

で２００万円の黒字となり、最高税率55％が適用されるとすると、税額は１１０万円になり、こちらも課税の繰延は終了しています。６年目には、売却価額３０００万円－約１０００万円（土地＋建物１円）＝約２０００万円の譲渡所得が発生し、20・315％の税率で課税され、税額は約４０７万円です。節税の合計額は、１２１０万円－１１０万円－４０７万円＝約６９３万円になります。

設例1と設例2を比較すると、2の場合のほうが4年目までの赤字額が大きくなることにより、節税額の差が347万円も生じており、節税効果が高いことがわかります。両者の違いは何かというと、取得した不動産に占める建物価格の割合です。土地と建物を合わせた不動産価格が同じでも、土地は減価しませんので、建物の金額が大きいほうが多額の課税の繰延ができます。大きな節税のメリットを得るには、不動産の取得において、建物割合を大きくとることがポイントなのです。

売り主との交渉で建物価格の割合を大きくとる

土地と建物を一括して取得する場合に、タックスメリットを大きくするためには、建物割合を大きくする必要があることは先に述べたとおりです。

それならば、なるべく建物割合を大きくしたいところですが、そのようなことは可能なのでしょうか。結論からいえば、交渉次第で可能です。

最も重要なのは、不動産の売買を行うときに、売り主と交渉して、売買契約書に譲渡代金の総額だけではなく、土地と建物の金額もそれぞれ記載してもらうことです。ただし、土地と建物の売買価額が租税回避や脱税目的でないことが前提となるので注意してください。建物割合を多くとれるかどうかは、売り主に対する交渉力次第ということになりますが、交渉にあたっては、事前に次の方法に基づいて土地と建物の価額を算出し、最も高い建物価額よりも交渉結果が下回らないようにすることが望ましいでしょう。

① 譲渡時における土地及び建物のそれぞれの時価の比率による譲渡代金の按分
② 相続税評価価額や固定資産税評価価額を基にした譲渡代金の按分
③ 土地、建物の原価（取得費、造成費、一般管理費・販売費、支払い利子等を含む）を基にした譲渡代金の按分

売買契約書に譲渡代金の総額のみが記載されていて、土地と建物の価額が記載されていない場合は、売り主と買い主で前記①～③などの方法により、合理的に土地と建物の価額を算出する必要があります。

これをやらないと、土地と建物の価額について、売り主と買い主で齟齬《そご》が生じ、後の税務リスクにつながります。

例えば、建物の価額が売り主と買い主で違うと、買い主側で建物の減価償却費の計算が間違ってしまうことにもなりかねませんので、注意が必要です。

売り主は建物割合を低くしたがる

さて、建物価額を大きくとるための交渉方法について見てきましたが、お願いすれば売り主がOKしてくれる……かといえば、そうとは限りません。売り主からすれば、逆に建物価額が低いほうが得だからです。その理由は消費税にあります。

個人や法人が消費税の課税事業者である場合、事業用の建物の売却は消費税の課税対象になります。

一方、土地の売却は消費税が非課税です。そうすると、売り主が消費税の課税事業者である場合は、建物割合を大きくすることによって消費税の税額が高くなってしまうのです。

例えば、土地・建物の一括譲渡代金が1億円で、建物割合40％、建物価額4000万円に課税される消費税は、4000万円×8％＝320万円となります。

これが建物割合60％、建物価額6000万円とすると、課税される消費税は、6000万円×8％＝480万円となり、納付すべき消費税額が160万円も増えてしまいました。これでは売り主が建物割合を上げることに対して消極的になるのも当然です。

結局は交渉次第ということになりますが、消費税の納税義務が免除されている個人から土地・建物を一括して取得すれば、建物割合を引き上げる交渉に応じてもらえる可能性は高いでしょう。

修繕費も償却の対象になる

賃貸用の不動産を所有していると、何年か経てば設備等が劣化し、修繕する必要も出てきます。減価償却資産に対する修理や改良等の支出は、どのように処理されるのでしょうか。所得税法、法人税法上の取り扱いは二つに分かれます。

①　支出した金額を修繕費として一括して必要経費や損金に計上する
②　支出した金額が資本的支出に該当する場合、一括して経費化することはできず、資産に計上し、減価償却を行っていく

資本的支出については前章でも触れましたが、減価償却資産の使用可能期間が延長する場合や、資産の価値が増加する場合の支出額をいいます。では、具体的にはどのような支出が資本的支出に該当するのでしょうか。修繕費と資本的支出を区別する判断基準は、国税庁の通達で次のように示されています。

①　一つの修理、改良等の金額が20万円未満の場合　↓　**修繕費**（例　事業用車に18万円のカーナビゲーションを取り付けた場合）
②　一つの修理、改良等がおおむね3年以内の期間を周期として行われることが既往の

実績などから見て明らかである場合　↓　**修繕費**（例　事業用機械の部分品を通常3年に1回取り換えており、取り換え費用は一機当たり40万円の場合）

③　明らかに資本的支出に該当する場合　↓　**資本的支出**（例　建物の避難階段の取付け等物理的に付加した部分に係る金額、用途変更のための模様替え等改造または改装に直接要した金額）

④　明らかに修繕費に該当する場合　↓　**修繕費**（例　原則として、建物の移えいまたは解体移築をした場合におけるその移えいまたは移築に要した費用の金額）

⑤　一つの修理、改良等の金額が60万円未満またはその減価償却資産の前期末の取得価額のおおむね10%相当額以下である場合　↓　**修繕費**（例　既存の建物の窓ガラスにガラス飛散防止フィルムを取り付け、その費用が50万円である場合）

⑥　一つの修理、改良等の金額について、その金額の30%相当額とその修理、改良等をした減価償却資産の前期末の取得価額の10%相当額とのいずれか少ない金額を修繕費とし、残額を資本的支出として処理している場合　↓　**継続適用を条件に、この処理が認められる**

この判定は①→⑥の順で行いますので、例えば、③の「明らかに資本的支出に該当する場合」であっても、その金額が①の20万円未満であれば、資本的支出ではなく修繕費として処理できることになります。

タックスマネジメントの観点からは、修理や改良等の支出金額が所得を減らすことができる修繕費に該当するか否かがポイントになりますので、修繕費と資本的支出の判定ルールをしっかり押さえておきましょう（図21）。

［図 21］ 資本的支出と修繕費の区分のフローチャート

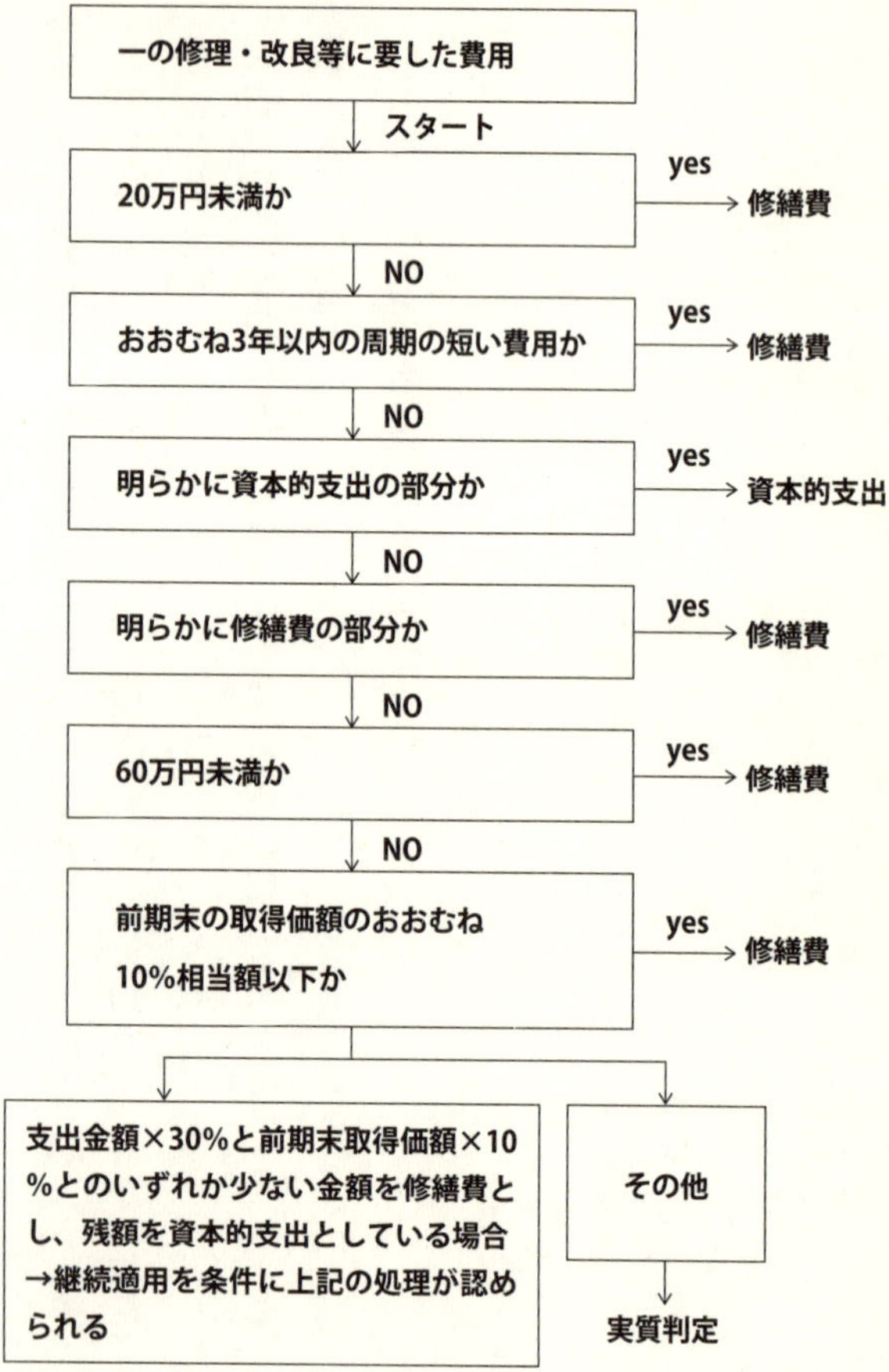
一の修理・改良等に要した費用
スタート
20万円未満か
yes
修繕費
NO
おおむね3年以内の周期の短い費用か
yes
修繕費
NO
明らかに資本的支出の部分か
yes
資本的支出
NO
明らかに修繕費の部分か
yes
修繕費
NO
60万円未満か
yes
修繕費
NO
前期末の取得価額のおおむね10%相当額以下か
yes
修繕費
支出金額×30%と前期末取得価額×10%とのいずれか少ない金額を修繕費とし、残額を資本的支出としている場合→継続適用を条件に上記の処理が認められる
その他
実質判定

5年超の所有で所得税を35%カット

ここまでのストーリーをまとめると、中古資産の減価償却費を活用することにより、所得税の総合課税となる所得を減らして、課税を繰り延べ、最終的には物件を売却して、譲渡所得が課税されることとなったわけです。つまり、不動産所得の課税を繰り延べて、その結果、不動産所得が譲渡所得に変換されたと見ることもできます。

ここで注目すべきは、総合課税の税率と土地・建物の譲渡所得に適用される税率の違いです。総合課税とは、不動産所得、事業所得、給与所得などの各種の所得金額を合計して所得税額を計算するというものです。課税される所得金額が1800万円超の部分には、50%（地方税を含む。平成27年分以降55%（課税所得4000万円超））の税率が適用されます。

他方、土地や建物の譲渡による所得は、他の所得と合計せず、分離して課税することとなっています。譲渡した年の1月1日時点で所有期間が5年を超える土地や建物を売ったときの税額の計算は、税額＝長期譲渡所得金額×20・315%となります。なお、所有期間が5年以下の土地や建物を売ったときの税額の計算は、税額＝短期譲渡所得金額×39・63％（地方税と復興税を含む。以下同じ）です。

先の設例1では、累計1000万円の不動産所得の赤字が発生し、55％の税率が適用される所得と相殺されたとすると、550万円の節税になります。

他方、不動産所得の赤字1000万円は繰り延べられて、譲渡所得1000万円に変換されました。適用税率は、20・315％ですので、税額は約204万円になります。

550万円節税し、その分204万円の税金が発生したので、最終的には550万円－204万円＝約346万円の得をしたことになるわけです。これは、総合課税の最高税率55％と長期譲渡所得に対する税率20・315％の差を利用した節税手法です。

したがって、タックスメリットを享受するためには、土地・建物の長期譲渡所得を活用する必要がありますので、譲渡した年の1月1日時点で土地・建物の所有期間が5年を超えていることが極めて重要なのです。

しかし5年にわたって保有するわけですから、その間に賃貸経営で充分に収入を得て、なおかつ売却時に投資額を回収し切れていなければ、いくら節税になっても意味がありません。ですから不動産の購入時には、売却までを考えた出口戦略が必要になります。

不動産を取得する際の条件をまとめると、次の三つです。

①　不動産所得の赤字額に見合う総合課税の適用税率23％以上の所得額があること
②　不動産所得の赤字額に見合う物件の売却による長期譲渡所得があること
③　物件取得の投資額が純収入（賃貸収入－経費）と物件の譲渡代金で全額回収されること

出口戦略としては、純収入と物件の譲渡代金でどれだけ投資額を回収できるかにかかっています。投資額が全額回収できる物件選びがタックスマネジメントを行ううえでの大前提です。

【中古木造アパートを使った節税額のまとめ（個人）】

（設例）

- 取得物件：築23年の中古木造アパート
- 取得価額：4000万円（建物2000万円、土地2000万円）
- 年間賃貸収入：320万円
- 年間必要経費（減価償却費を除く）：120万円
- 保有期間：５年間
- 売却価額：3000万円
- １～４年目の各年の減価償却費：500万円
- １～４年目の各年の不動産所得：
  320万円－120万円－500万円＝▲300万円
- １～４年目の合計節税額（最高税率55%適用）：
  ▲300万円×55%×4年＝660万円
- ５年目の不動産所得の税額（最高税率55%適用）：
  320万円－120万円＝200万円×55%＝110万円
- ６年目の物件売却時の税額：
  1000万円（3000万円－2000万円）×20.315%
  ＝約204万円

- **節税額**

  660万円－110万円－約204万円＝**約346万円**

海外不動産なら、投資金額の8割以上を4年で償却できる物件もあり

近年は海外不動産を購入する人が増えているといわれています。参考までに、国税庁による調査結果を見てみると、海外資産に関する相続税の調査件数は平成15事務年度の255件から、平成24事務年度の721件へと3倍近く増加しています。

この傾向の背景には、海外不動産が国内不動産に比べて、

①　賃貸による比較的高い投資利回りが狙える
②　キャピタルゲインが狙える
③　円安になった場合、為替差益が得られる
④　国際分散投資による地震などに対するリスクヘッジになる
⑤　減価償却による節税（課税の繰延）が狙える

などのメリットがあることが考えられます。

それでは、海外不動産に投資する際の基礎知識について、米国を例に見ていきましょう。

まず、不動産の賃貸マーケットや中古不動産マーケットは米国のほうが日本よりも発達しているといわれています。国によって事情は異なりますが、中古マーケットが発達しているということは、売買が比較的容易であり、高値での転売も可能なので、出口戦略の面で有利です。ただ、投資額が全額回収できるかどうかは、不動産物件の個別性が強いため、一概にはいえません。

第二に、不動産所得に対する所得税についてです。

米国から見れば非居住者である日本人が米国で不動産投資を行う場合、米国での不動産所得は、原則として、源泉徴収で課税関係を終了させることになります。源泉徴収のみで課税関係が終了する場合、賃貸収入等の30%を賃借人や不動産管理会社等から源泉徴収されると課税関係は終了します。

例えば、日本人Aさんの米国での賃貸収入が年間3万ドルだとすると、米国での不動産管理会社などが賃貸収入3万ドルから米国所得税として30%分の0・9万ドルを差し引き、それを米国の内国歳入庁に納付します。日本人Aさんは、3万ドル−0・9万ドル＝2・1万ドルを受け取ることになります。これで米国所得税の課税関係は終了しますが、米国税法に従った減価償却費を源泉徴収に反映させることができません。

反映させたい場合には、米国所得税に関して、賃貸収入の所得の申告を行うという選択も可能です。申告を行うことを選択すれば、源泉徴収は行われません。賃貸収入の所得の申告を行う場合は、所得額に応じて10～39・６％の税率が適用されることになります。米国においては、建物の耐用年数が新築中古を問わず、27・５年で定額法しか認められていないため、減価償却を利用した節税が難しく、不動産所得が黒字になりやすいと考えられます。

したがって、源泉徴収と申告のどちらが有利になるかは、個々に判断していくことになります。

なお、米国で納めた所得税は、日本の所得税から控除できるのではないか（外国税額控除）という点については、日本で米国不動産の不動産所得が赤字になっている場合、米国と日本で同一の不動産所得に両方で課税するという二重課税は発生していませんので、日本の所得税から米国で納めた所得税を控除することはできません。既に、日本での所得は米国不動産所得の赤字分減っているからです。

ただし、米国で納めた所得税は日本基準の米国不動産所得の計算上、必要経費にすることもできます。米国不動産の不動産所得が赤字になっている年においては、外国税額控除が使えませんが、必要経費にすればよいことになります。

第三に、建物割合を大きくとるという点で、米国は優位性を持っています。米国の中古不動産マーケットにおいては、なかには建物割合が70〜90％という物件があるといわれています。

例えば、建物割合80％、築23年の賃貸用木造中古住宅（土地を含む）を1億円で取得したとすると、建物の取得価額は８０００万円となり、耐用年数は簡便法で４年になります。この場合の減価償却費は、８０００万円×０・２５＝２０００万円となり、投資額が４年で回収できることになります。

ただし、米国の連邦所得税の計算では、耐用年数が27・５年ですので、減価償却費は、８０００万円÷27・５年＝約２９１万円となります。

米国不動産投資においても、総合課税の適用税率（最高55％、平成27年分以降、住民税を含む）と長期譲渡所得の税率20・３１５％の差を利用した節税を実現できる可能性があります。ただし、米国所得税が課された場合、その分手取りの賃貸収入が減りますので、賃貸物件の純収入と譲渡代金で投資額が回収されるのかを検討するとともに、自分の総合課税の最高税率が何パーセントなのかなどを慎重に検討していく必要があります（図22）。

[図 22] 米国不動産投資に関する日米の個人所得税

	日本	米国
購入時	なし	なし
保有時	不動産所得 総合課税15～55% (2015年以降。復興税除く。地方税含む)	源泉徴収 賃料の30% 申告も選択可能
売却時	譲渡所得 短期39.63% 長期20.315% (復興税・地方税を含む)	源泉徴収 譲渡代金の10% 申告義務あり (地方税は別)

モナコはなんと所得税がゼロ

減価償却を使った課税の繰延のタックスメリットを享受するためには、次の三つの条件を満たす国の不動産物件に投資することが理想です。

① 不動産投資額が純収入（賃貸収入－経費支出）と投資物件の譲渡代金で回収できること。投資物件の譲渡代金で回収するためには、中古不動産マーケットが十分に発達している必要があります。

② 投資対象国の不動産所得や譲渡所得に対する所得税がゼロか低い税率が適用されること。海外の投資不動産を保有している間、日本で減価償却費を使って不動産所得が赤字になっていても、投資国における所得計算では不動産所得が黒字になり、所得税等が課税されてしまうと、減価償却費以外の余分な必要経費が大きくなり、投資リターンを低めてしまうからです。

③ 建物割合の高い国・地域であること。これまで見てきたように、建物の割合が大き

ければ、比較的大きな減価償却費を計上することができますので、タックスメリットも大きくなります。個人の場合、タックスメリットの一つは、結局のところ、総合課税の最高税率50％（住民税を含む。平成27年分以降55％）と長期譲渡所得に対する税率20・315％の差を利用することにあるからです。ただし、建物割合は交渉次第という面もありますので、そうした交渉ができる環境にある国なのかどうかを見極めていく必要があります。

この3条件をすべて満たしている国がベストということになりますが、実際は国によって一長一短があります。

先に、米国不動産投資について見てきましたが、日本基準で米国の不動産所得が赤字の期間中に、米国所得税が課税されてしまうと、余分な必要経費になり投資リターンを低くしてしまいます。

そこで、不動産所得に対して税金を課さない国を探してみると、ヨーロッパにあります。フランスとイタリアの国境近く、地中海に面したモナコ公国です。

モナコ公国には、なんと所得税がありません。ヨーロッパの富裕層が集まるモナコはF１グランプリで有名ですが、英語が使えて治安も良く、不動産マーケットも発達しているといわれています。建物割合は交渉次第でしょうが、優良な不動産投資対象国としての可能性を持っているかもしれません。

物件を買い替えるなら5年ごとがおトク

不動産の減価償却の場合、総合課税の最高税率50％（平成27年分からは55％、住民税を含む）の対象となる所得を繰り延べて減らし、繰り延べられた所得は、長期譲渡所得として、20・３１５％で課税されることにより、差額の約30％がタックスメリットになることは、先に述べてきました。ここでのポイントは、譲渡所得を長期譲渡所得にしなければ20・３１５％の税率は使えないということです。短期譲渡所得になってしまうと、税率は39・６３％が適用され、タックスメリットどころか、逆に税負担が増えてしまうことにもなりかねません。長期譲渡所得にするためには、譲渡した年の１月１日現在の所有期間が

5年超にすればいいわけです。

ここまで、個人の話をしてきましたが、法人の場合、減価償却を使ったタックスメリットは課税のタイミングを遅らせることにあります。例えば、事業に特需が発生して4年程度は多額の黒字所得が見込めるが、その後は赤字に転落するかもしれないという場合、海外の中古不動産投資を活用することが考えられます。中古市場が発達していて売却が容易な不動産物件を取得し、減価償却費を集中的に計上することにより、黒字期間の所得を圧縮するとともに、赤字期間には資産を売却して、売却益を赤字と相殺することにより、全体として節税を実現できる可能性があります。

米国に支店等を有しない日本法人が米国不動産投資を行う場合、個人の場合と同様に、原則として賃貸収入等の30%が米国の不動産管理会社等によって源泉徴収され、米国での課税関係が終了することになります。この場合、米国に納めた税金の日本における取り扱いは二つあります。

一つは、米国で源泉徴収された税金を日本法人の損金とする方法です。日本の税法に従って計算して、米国不動産の賃貸収入に係る所得が赤字になる場合でも、損金にすることができます。

もう一つは、米国で源泉徴収された税金を日本法人の法人税から控除する（外国税額控除）方法です。日本の税法に従って計算して、米国不動産の賃貸収入に係る所得が黒字になるなど一定の要件を満たせば、外国税額控除を使うことができます。

最後に、海外の中古不動産のなかには、償却年数が4年、7年と短い物件が比較的豊富にあり、その期間中、一般的には賃貸収入の所得は減価償却を使って赤字になりますので、課税の繰延に活用することができます。

例えば、木造の住宅用建物の法定耐用年数22年を全部経過している中古建物の耐用年数は簡便法で4年になりますし、れんが造や石造の住宅用建物の法定耐用年数38年を全部経過している中古建物は簡便法で7年になります。海外不動産を視野に入れると課税を繰り延べたい期間に応じた物件選びの幅が大きく広がるのです。

海外不動産は相続財産としておトクなのか？

ここまで、海外不動産に関する所得税の解説をしてきましたが、海外不動産は相続税対策として役に立つのか、という疑問も生じると思いますので、その点についても解説していきたいと思います。

相続税は、個人が被相続人（亡くなった人）の財産を相続、遺贈などによって取得した場合に、その取得した財産の価額を基に課される税金です。相続税法では、財産の価額とは、「財産の取得の時における時価」と規定されています。財産の時価の評価方法は、国税庁の通達で示されています。

例えば、路線価が定められている地域の宅地は、路線価を基に評価します。路線価とは、路線（道路）に面する標準的な宅地の1平方メートル当たりの価額のことで、地価公示価格の80％程度になるように定められています。

また、国内にある家屋の価額は、その家屋の固定資産税評価額とされています。

一方で、国外にある土地の評価は、原則として、売買実例価額、地価公示価格及び鑑定評価額等を参酌して評価します。

なお、課税上弊害がない限り、取得価額または譲渡価額に、時点修正するための合理的な価額変動率を乗じて評価することができます。この場合の合理的な価額変動率は、公表されている諸外国における不動産に関する統計指標等を参考に求めることができます。

また、国外にある家屋については、原則として、売買実例価額、鑑定評価額等を参酌して評価することになります。

なお、外国の固定資産税評価額が日本国内の固定資産税評価額と類似している場合には、その金額によって評価しても問題ないと考えられます。

日本国内にある土地については、市場価格の80％で評価（路線価方式の場合）されるのに対し、日本国外にある土地は、原則、市場価格で評価されることになります。

日本国内にある家屋については、固定資産税評価額で評価されるのに対し、日本国外にある家屋は、原則、市場価格で評価されることになります。

このように見てくると、タックスメリットの観点から、相続財産としての海外不動産は国内不動産に比べて財産評価上、有利とはいえないのかもしれません。

第４章　航空機・ヘリコプターで大規模投資、短期償却

なぜ航空機を買うの?——オペレーティングリースで節税する仕組み

皆さんは、オペレーティングリースというものをご存じでしょうか。

オペレーティングリースとは、個人や法人が所有する航空機などの減価償却資産を他者に貸し付けて、賃貸料を得るという、賃貸借取引のことをいいます。オペレーティングリースでは、会計上も税務上も貸し手が賃貸借資産の減価償却費を計上することができます。耐用年数が短い資産を活用すれば、投資の初期では、減価償却費が賃貸収入よりも大きくなり、所得が赤字になります。投資の終盤では、減価償却が終わり、未償却残高1円の資産を売却して、売却益が生じることにより、所得が黒字になります。オペレーティングリースを活用すれば、ここまで解説してきた仕組みと同様の節税(課税の繰延)ができるということです。

課税の繰延ができる条件としては、賃貸借資産の取得価額が純賃貸収入(収入−経費)と譲渡代金で回収されることが必要です。繰り返し述べていることですが、課税の繰延と譲渡代金の回収については、これができて初めて「節税ができた」といえるものなので、

[図23]　オペレーティングリースを活用した場合の所得の推移

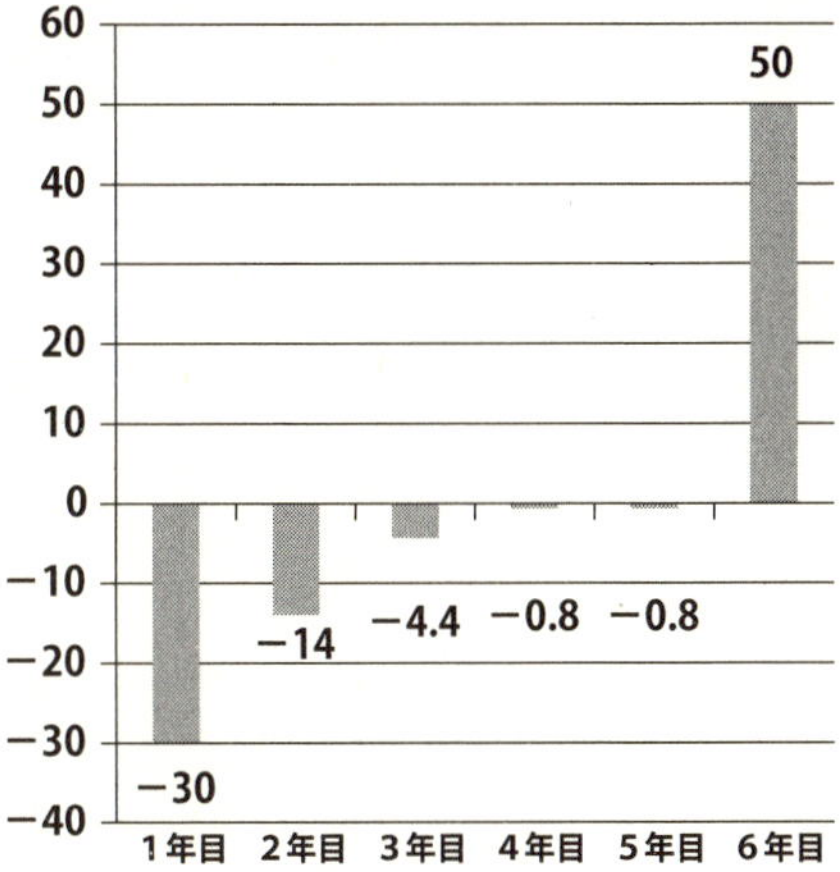

<前提>

・ヘリコプターを自己資金100で取得

・ヘリコプターの法定耐用年数＝5年

・賃貸期間＝5年

・年間賃貸料＝10

・償却方法＝定率法

・賃貸期間経過後、50で売却

しっかりと押さえておいてください。

例えば、自己資金100でヘリコプターを取得し、法定耐用年数5年、賃貸期間5年、年間賃貸料10、定率法、賃貸期間経過後50で売却するものと仮定した場合の所得は、図23のグラフのとおりです。

このように、個人や法人が自ら減価償却資産を所有して、それを貸し出す取引を行うことにより、1～5年目は所得が赤字になり、6年目に課税所得が発生し、1～5年目の課税が6年目に繰り延べられていることがわかります。投資額の100は、賃貸収入10×5年＝50とヘリコプターの譲渡代金50により全額回収されています。また、法人実効税率を35％とすると、1～5年目に累計で17・5（＝▲50×35％）の節税になっていますが（1～5年目で赤字額以上の他の黒字所得がある場合）、6年目では、50×35％＝17・5と節税額と同額が課税されることになります。

この仕組みのポイントは、次の四つです。

① 定率法を使える償却資産であること

② 耐用年数が短い償却資産であること
③ 投資初期に所得の赤字を計上すること
④ 投資額が賃貸料と譲渡代金によって回収されること

航空機、ヘリコプターは短期償却・高値売却が可能な優良資産

航空機、ヘリコプターが優良資産といわれる理由は、三つあります。一つは、経済的耐用年数が30～40年と法定耐用年数の5～10年よりも長く、早期に減価償却を終えることができる点です。

二つ目は、中古流通資産としての息の長さです。航空機やヘリコプターは、飛行の安全を確保する必要があるため、厳しい保守・整備作業により中古機体の機能が維持されます。そのため、中古機体の価格は比較的緩やかに逓減していくといわれています。

三つ目は、航空機の中古市場が発達しており、売却が比較的容易であることです。一つ目、二つ目の理由と関連しますが、中古であっても使える期間が長く価値が落ちないの

で、売買が頻繁に行われているのです（図24）。

投資家にとってみれば、5～8年程度経過した航空機・ヘリコプターはリースの対象となり、短期間で減価償却が可能なため魅力的な資産です。また、航空機のリースを受ける航空会社にとっても、10年経過したような中古機体は不具合が出尽くしているため安定していること、比較的安価に利用できることなどのメリットがあり、ニーズが高い資産なのです。

オペレーティングリースで節税を狙う場合、賃貸料と譲渡代金によって投資額を回収できることが大前提になりますから、投資額の回収可能性が高いことが航空機、ヘリコプターの魅力なのです。

[図 24]　ヘリコプター・航空機の減価率

ヘリコプターの減価率（BK-117B2の事例）

平均減価率：0.97%／年

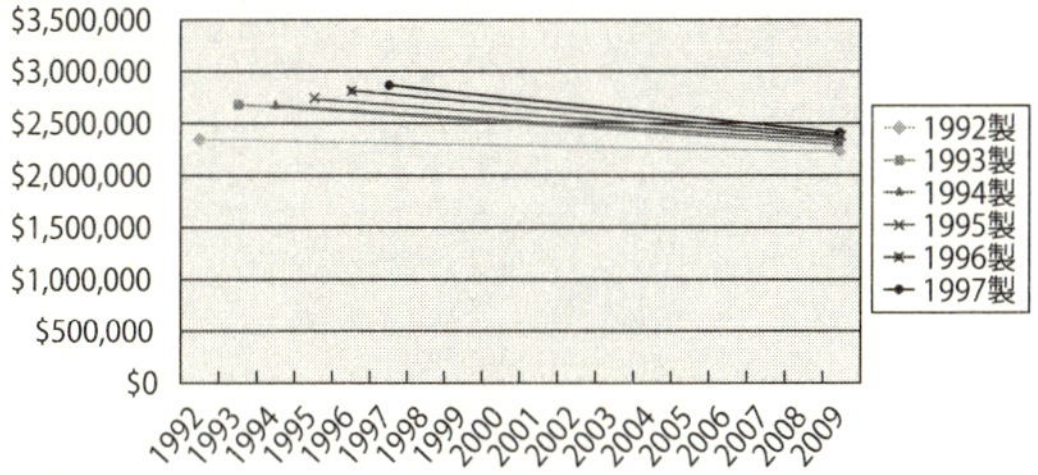

ヘリコプター売買価格の世界的調査会社　米国ヘリバリュー社

飛行機の減価率（B737-800、A320-200の事例）

平均減価率：3.33%／年

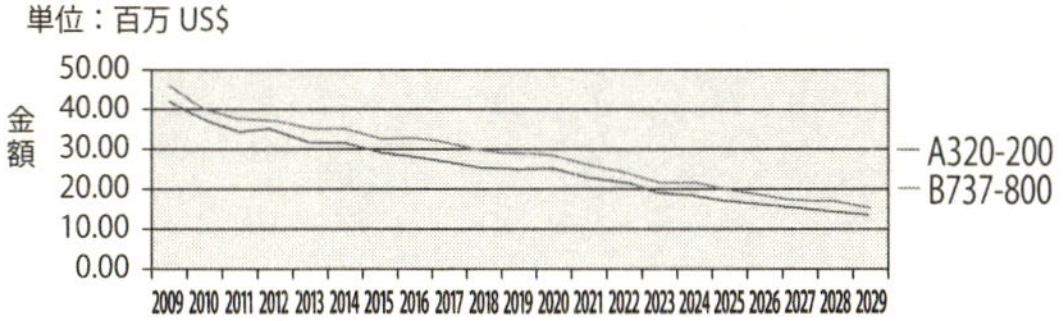

中古航空機売買価格の世界的調査会社　AVAC社予測

税務上のリース取引にならないように注意

オペレーティングリースの仕組みを活用すれば、個人や法人の税額をタックスマネジメントでコントロールすることが可能です。

ただし、税法は、リース取引を「税務上のリース取引」と「その他のリース取引（いわゆるオペレーティングリース取引）」に分けていることに注意しなければなりません。

税務上のリース取引に該当すると、資産の賃貸借取引ではなく、売買取引があったものとして取り扱われることになります。資産の売買取引があったということになると、減価償却費を計上できるのは、リース資産の借り主になってしまうのです。当然ながら貸し主は減価償却費を計上できません。

それでは一体、どのような取引が税務上のリース取引に該当するのでしょうか。簡単にまとめると、資産の賃貸借で次の二つの要件に該当するものです。

① 賃貸借期間の中途において契約の解除をすることができないもの又はこれに準ずる

もの（ノンキャンセラブル）

②　賃借人が賃貸借資産からもたらされる経済的利益を実質的に享受することができ、かつ、賃貸借資産の使用に伴って生ずる費用を実質的に負担すべきこととされているもの（フルペイアウト）

なお、「賃貸借資産の使用に伴って生ずる費用を実質的に負担すべきこととされているもの」とは、契約を解除することができないとされている賃貸借期間中に支払われる賃借料の合計額が、その賃貸借資産の取得のために通常要する価額（事業の用に供するために要する費用の額を含む）のおおむね90％を超える場合をいいます。

要するに、税務上のリース取引とは、

①　賃貸借期間中の中途解約禁止

②　賃借人が賃貸借資産から利益を得ている

③　賃借人が契約解除禁止期間中に、賃貸借資産の取得価額の90％超の賃借料を支払うことを満たしている取引です。

これらの要件のうち、どれか一つでも満たさない賃貸借取引が、オペレーティングリース取引ということになります。なかでも代表的なケースは、二つです。

一つは、賃貸借期間中の中途解約が可能な賃貸借取引です。

もう一つは、契約解除禁止の賃貸借期間中の賃貸収入の合計額が、その賃貸借資産の取得価額（付随費用を含む）の90％以下になるように、賃貸収入を設定する賃貸借取引です。この場合、賃貸収入で賃貸借資産の取得価額の90％以下しか資金回収が図れないことになりますので、貸し主が投資額を回収できるかどうかは、賃貸借資産の譲渡価額次第ということになり、資金回収リスクを貸し主が負うことになります。

【オペレーティングリースを使った節税額のイメージ（法人）】

（設例）

- 新品のヘリコプター
- 期首購入（使用期間12カ月）、同時に事業供用
- 取得価額：5億円
- 耐用年数：5年
- 賃貸期間：5年
- 賃貸収入：5000万円/年度
- 6年後に2億5000万円で売却
- 法人税実効税率：35.64%と仮定

- **法人税等の節税（課税繰延）効果（単位：万円）**

1年目（5000－20000）×35.64%＝▲5346
2年目（5000－12000）×35.64%＝▲2495
3年目（5000－7200）×35.64%＝▲784
4年目（5000－5400）×35.64%＝▲143
5年目（5000－5400）×35.64%＝▲142
1～5年目の累積節税（課税繰延）額＝**▲8910万円**

6年目（2億5000万円－1円）×35.64%＝8910万円

（注）実際には、投資リターンを得るためには、賃貸収入＋売却額＞投資額とする必要がある。

比較的少額で出資可能な匿名組合型

ここまで、オペレーティングリースを活用した節税（課税の繰延）について、話を進めてきましたが、たとえ中古であれ航空機を買う資金を捻出するのは難しいという人も多いでしょう。そこで、もう少し軽い負担でオペレーティングリース事業を始められる匿名組合契約方法についても解説していきたいと思います。

まず、オペレーティングリース事業に匿名組合契約を利用した場合の課税関係から見ていきましょう。

匿名組合型のオペレーティングリースには、匿名組合を組織する営業者と、営業者に対して出資をする投資家がいます。投資家が営業のために出資をし、その営業から生ずる利益を分配する——それが匿名組合契約です。

出資を受けた営業者は賃貸借資産を取得し、賃借人に貸し付けて賃貸収入を得ます。少々わかりにくいかもしれませんので、図25を参照してください。この場合の営業者は、投資家からの出資金30と金融機関からの借り入れ70、合計１００の資金で航空機を購入

［図25］　匿名組合型オペレーティングリースの仕組み

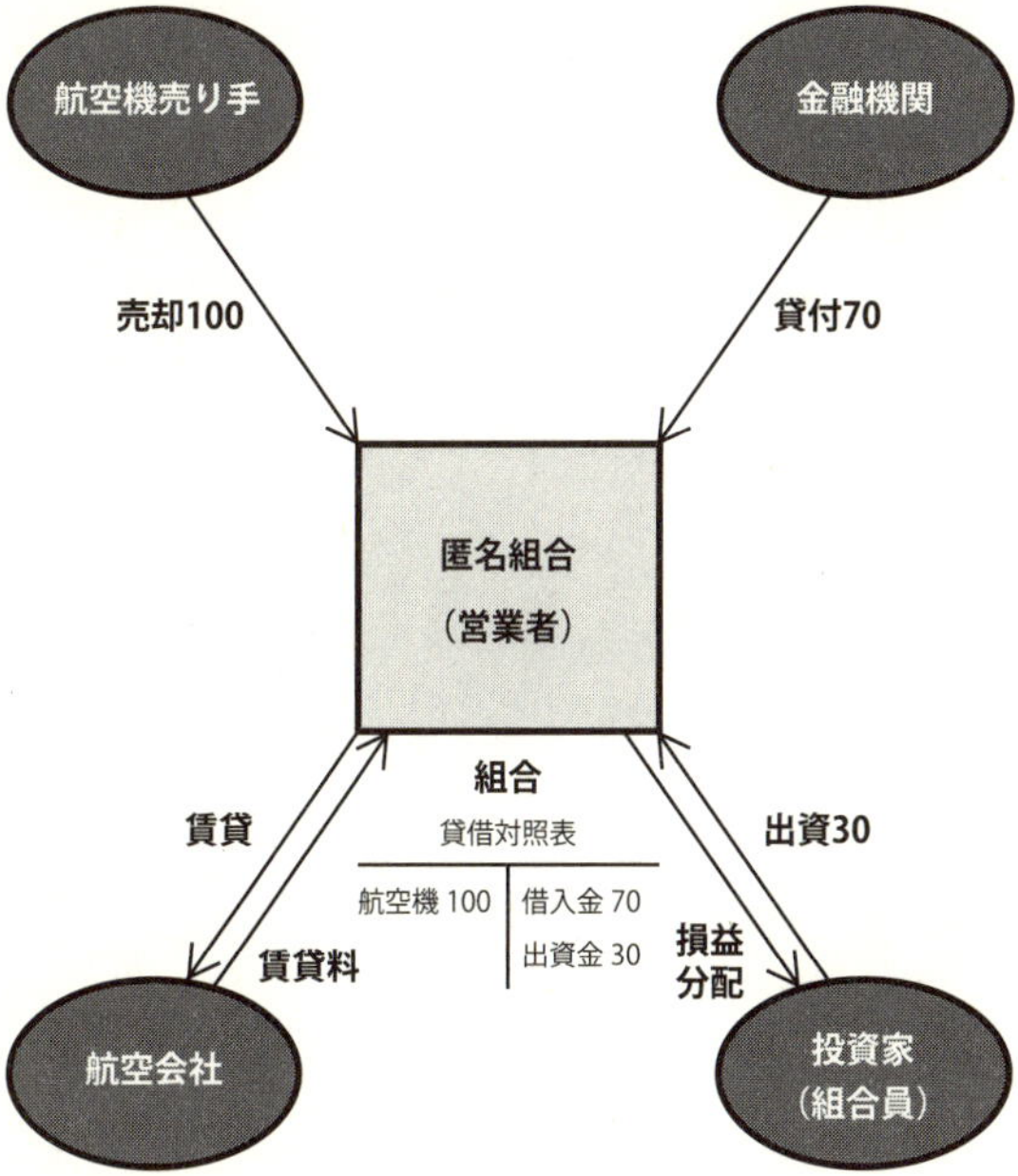

し、賃借人である航空会社に貸し付けています。

法人が匿名組合員である場合、分配される利益（あるいは負担すべき損失）の金額は、匿名組合契約における計算期間の末日の属する事業年度の所得計算に計上されます。

図25で取得された航空機を、法定耐用年数5年、賃貸期間5年、年間賃貸料10、年間金利支払い3、定率法、賃貸期間経過後65で売却するものと仮定した場合の課税所得を見ていきましょう。

6年目は、譲渡価額65－帳簿価額1円＝65の黒字になりますが、損金に算入されなかった赤字額35を差し引くことができますので、課税所得は65－35＝30となります。つまり、1年目に損金に計上した30が、6年目に繰り延べられて課税されているということです（図26）。

法人において、一時的に多額の所得が発生し、数年後に赤字に転落する可能性がある場合には、この手法を用いた課税の繰延が有効な対策になる可能性があります。また、法人の利益を一時的に圧縮して、株価評価の引き下げを行うことにも役立つでしょう。

［図 26］ 匿名組合型オペレーティングリースを活用した課税の繰延

	1年目	2年目	3年目	4年目	5年目	6年目
出資額	30					
賃貸収入	10	10	10	10	10	—
金利支払	▲3	▲3	▲3	▲3	▲3	—
減価償却費	▲40	▲24	▲14.4	▲10.8	▲10.8	—
譲渡益						65
単年度損益	▲33	▲17	▲7.4	▲3.8	▲3.8	65
累積損益	▲33	▲50	▲57.4	▲61.2	▲65	0
課税所得	▲30	—	—	—	—	30

組合契約を利用した節税には制限もある

組合契約を利用した節税には、一定の制限が課されているので、ここで整理しておきたいと思います。

契約者が個人である場合と法人である場合で制限の内容が異なりますが、まず、個人の場合について解説します。

民法に規定する組合契約（いわゆる任意組合）および投資事業有限責任組合契約において、特定組合員（組合事業への実質的な関与度合いが低い組合員）に該当すると、組合事業から生じる不動産所得の赤字がある場合には、所得税法上、その赤字は生じなかったものとみなされます。有限責任事業組合

［図27］個人のオペレーティングリース

	不動産所得の赤字
任意組合 投資事業有限責任組合 ※いずれも、特定組合員の場合	生じなかったものとみなされる
匿名組合	損益通算不可能
有限責任事業組合	原則、出資金が上限
直接保有	**損益通算可能**

契約においても、組合事業から生じる赤字は基本的に出資金額の範囲内に制限されます。個人の匿名組合員が営業者から分配される利益は雑所得として扱われ、その損失については損益通算が認められません（図27）。

次に、法人の場合ですが、民法に規定する組合契約、商法に規定する匿名組合契約及び投資事業有限責任組合契約において、特定組合員に該当すると、原則として組合損失額の損金算入は出資金額が限度になります。有限責任事業組合契約においても、組合損失額の損金算入は基本的に出資金額が限度になります。1000万円を出資している場合、1000万円までしか損金には算入できません。さらに、匿名組合事業が損失補てん契約などにより事業全体として損失にならない場合は、単年度で生じる匿名組合損失額はすべて損金にはなりません。

直接保有なら制限がなく長期譲渡の節税メリットも

組合契約を利用したオペレーティングリース事業は、課税の繰延に制限が課されており、タックスメリットも限られています。

そこで、組合契約を利用するのではなく、個人や法人が直接、賃貸借資産を所有して、オペレーティングリース事業を行うことを考えてみましょう。

個人が自己資金１００でヘリコプターを取得し、法定耐用年数５年、賃貸期間５年、年間賃貸料10、定率法、賃貸期間経過後60で売却するものと仮定した場合の課税所得を見てみます。

１～５年目の課税所得は累計で▲50の赤字となります。他の所得との損益が通算され、最高税率50％が適用されている所得を減らしたと考えると、25の節税が実現できることになります。

[図 28] 直接保有型オペレーティングリースの課税所得（個人）

	1年目	2年目	3年目	4年目	5年目	6年目
投資額	100					
賃貸収入	10	10	10	10	10	－
減価償却費	▲40	▲24	▲14.4	▲10.8	▲10.8	－
譲渡益						60
単年度損益	▲30	▲14	▲4.4	▲0.8	▲0.8	60
課税所得	▲30	▲14	▲4.4	▲0.8	▲0.8	30

一方で、6年目にヘリコプターを60で譲渡したとすると、譲渡所得は総合課税の対象になります。

譲渡した資産の所有期間が5年を超えている場合、長期譲渡所得は譲渡益から特別控除額50万円を引いて、さらに2分の1にすると所得税法で定められています。ここでは、特別控除額を省略すると、長期譲渡所得は60×1／2＝30となり、最高税率50％が適用されるとして、15が課税されることになります。節税額は25でしたので、15を納税するとしても、残りの10が得した分、節税したことになります（図28）。

この理由は繰り延べられてきた所得が2分の1になったことにあります。個人が自分でオペレーティングリース事業を行う場合、課税の繰延のみならず、納付税額自体も少なくなる可能性があり、大きなタックスメリットが見込めるのです。この節税効果は、中古市場でヘリコプターを売却しなければならないという取引（価格）リスクに対するリターンと考えることができます。

法人が直接、賃貸借資産を所有して、オペレーティングリース事業を行う場合は、組合契約のような損金算入制限はないことから、減価償却を利用した課税の繰延を行うことは可能です。また、組合契約がないので、買い手がいれば賃貸借資産をいつでも自由に売却できますから、所得を実現させるタイミングを自分でコントロールできるというメリットもあります。

ただし、法人の場合、税率差は一般的に生じないため、個人のような節税は難しいでしょう。

償却年数が短いコンテナリースも狙い目

海上輸送用コンテナを活用することもタックスマネジメントに役立ちます。海上輸送用コンテナとは、貨物の輸送に使われる国際標準規格を満たす鉄製の箱です。コンテナのなかでは、一般雑貨の輸送に使われるドライコンテナが一般的で、その大きさは20フィートドライコンテナの場合で長さ約6・1m、幅2・4m、高さ2・6mです。

長さが6m以上の大型コンテナの法定耐用年数は7年で、実際の使用可能年数は14年から15年といわれています。また、コンテナは減価償却資産のうち、器具及び備品に分類されるので、定率法を使うことができます。なお、コンテナの中古価格は新品価格に対して約15～30％程度で売買されているといわれています。

ここで、法人がオペレーティングリース事業として、自己資金でドライコンテナを1000で取得し、法定耐用年数7年、賃貸期間7年、年間賃貸料100、定率法、賃貸期間経過後350で売却するものと仮定した場合の課税所得を見ていきましょう。

【1年目】賃貸収入100－減価償却費286（1000×0・286）＝▲186の赤字

【2年目】賃貸収入100－減価償却費204（714×0・286）＝▲104の赤字

【3年目】賃貸収入100－減価償却費145（510×0・286）＝▲45の赤字
【4年目】賃貸収入100－減価償却費104（365×0・286）＝▲4の赤字
【5年目】賃貸収入100－減価償却費87（261×0・334）＝13の黒字
【6年目】賃貸収入100－減価償却費87（261×0・334）＝13の黒字
【7年目】賃貸収入100－減価償却費87（87－1円）＝13の黒字
【8年目】譲渡価額350－帳簿価額1円＝350の黒字

コンテナ事業における損益は、１～４年目の累計赤字額▲339、５～８年目の累計黒字額389となり、通算すると事業自体では50の利益となり、最終的にこの50に対して課税されることになりますが、そのタイミングとしては、５年目以降になっています。減価償却の仕組みにより、課税所得は、事業前半では赤字になるとともに、事業後半では黒字になり、課税の繰延になっています（図29）。

コンテナのオペレーティングリース事業は、航空機に比べて小さな投資額で行うことができる点でメリットがあります。

［図 29］ コンテナリースの減価償却と所得の推移

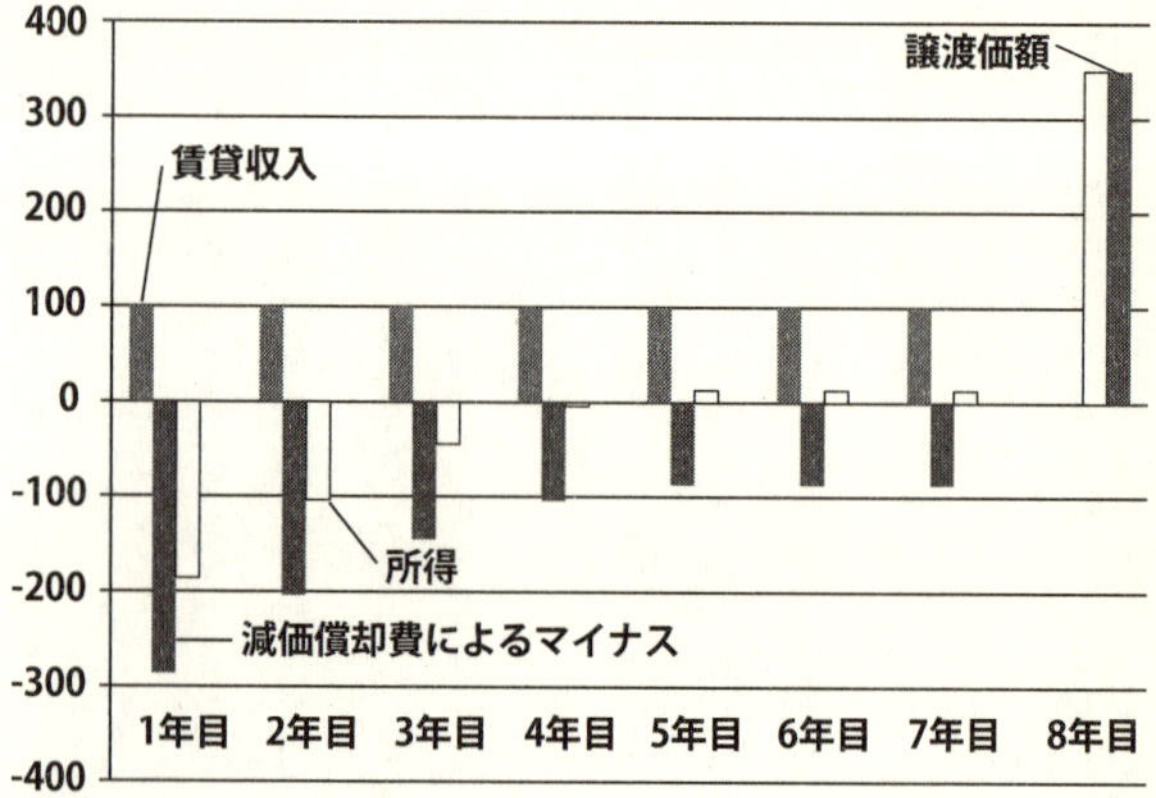

<前提>

・ドライコンテナを自己資金 1000 で取得
・法定耐用年数＝7 年
・賃貸期間＝7 年
・年間賃貸料＝100
・償却方法＝定率法
・賃貸期間経過後 350 で売却

大規模投資は特需が出たときに使える

オペレーティングリースで活用する資産は、どれも非常に高額です。その分短期で償却できれば単年度で極めて大きな課税の繰延効果がありますから、事業において特需と呼べるような大きな利益が出たときに活用するとより効果的です。

ここで、中古飛行機の例を見てみましょう。

最大離陸重量が130トン以下で、5・7トンを超える金属製飛行機の法定耐用年数は8年ですが、8年を経過した中古飛行機に簡便法を適用できる場合、耐用年数は8×20%=1・6となり、2年未満ですので2年になります。200%定率法の2年の償却率は1・0です。

オペレーティングリースを前提として、この中古飛行機の取得価額が10億円だとすると、1課税期間で10億円－1円の減価償却費を経費や損金に算入でき、個人や法人の所得が10億円も減りますので、効果的なタックスマネジメントができます。

個人や法人で、特需などにより一時的に多額の所得が発生し、タックスマネジメントの必要がある場合には、航空機のオペレーティングリース事業の導入を検討してみてもいいかもしれません。

大規模投資は株価引き下げにも使える

非上場会社の株式を贈与するときなどは、贈与税などを考えれば株式の評価額が低いほうが有利です。そんな場合にも、大規模な投資による航空機のオペレーティングリースは役立つ可能性があります。

例えば、社長である父親が株式を100％所有する非上場会社（従業員120名、一般の会社）の株式をその会社の役員である子に贈与するとします。この場合の株式の評価は、どのように行うのでしょうか。

父親の会社の株式は、原則、類似業種比準方式により評価します。類似業種比準方式では、事業内容が類似する上場会社の平均株価に比準して会社の株式価額を求めます。1株当たりの配当金額、利益金額、純資産価額の三つについて、父親の会社と類似会社を比較

［図30］ 類似業種比準価額

$$\text{株価} = \text{類似会社の株価} \times \frac{\dfrac{\text{評価会社の配当(B)}}{\text{類似会社の配当(B)}} + \dfrac{\text{評価会社の配当(C)}}{\text{類似会社の配当(C)}} \times 3 + \dfrac{\text{評価会社の簿価純資産(C)}}{\text{類似会社の簿価純資産(C)}}}{5} \times \begin{array}{l}\text{勘酌率}\\ 0.7\text{(大会社)}\\ 0.6\text{(中会社)}\\ 0.5\text{(子会社)}\end{array}$$

して、その比準割合を求めて、それを類似会社の平均株価に乗じます（図30）。

　では、父親の会社の株価を引き下げるためには、どうしたらいいでしょうか。類似業種比準価額の計算式を見ると、株価を引き下げるためには、配当や簿価純資産に比べて、3倍の加重がされている利益を引き下げることが最もインパクトが大きいことがわかります。

　そこで、オペレーティングリースを活用した対策の出番です。仮に、対策前の状況として、評価会社の配当（B）＝類似会社の配当B、評価会社の利益（C）＝類似会社の利益C＝2000万円、評価会社の簿価純資産（D）＝類似会社の簿価純資産D＝6億円とした場合、計算式の分子は、1＋1×3＋1＝5となります。

　次に、株価の引き下げ対策として、1年で減価償却できる中古ヘリコプターを5億円で取得して、賃貸収入が5000万円と仮定します。評価会社の利益は、2000万円＋5000万円－5億円＝4億3000万円の赤字になります。また、評価会社の簿価純資産は、6億円－4億3000万円＝1億7000万円になります。

これらから、計算式の分子は、1＋0×3＋0・28＝1・28となり、株価を74・4%（＝1－1・28÷5）引き下げています。このように、オペレーティングリースは非上場株式の株価引き下げにも威力を発揮することが期待できます（図31）。

[図 31]　オペレーティングリースで株価引き下げ

【対策前の株価評価】

（前提）

B＝（B）

C＝（C）＝2000万円

D＝（D）＝6億円

（計算式の分子）

$$\frac{(B)}{B} + \frac{(C)}{C} \times 3 + \frac{(D)}{D}$$

$$= 1 + 1 \times 3 + 1.00 = \boxed{5.00}$$

【対策後の株価評価】

（前提）

B＝（B）

C＝2000万円　　（C）＝▲4億3000万円

D＝6億円　　（D）＝1億7000万円

（計算式の分子）

$$\frac{(B)}{B} + \frac{(C)}{C} \times 3 + \frac{(D)}{D}$$

$$= 1 + 0 \times 3 + 0.28 = \boxed{1.28}$$

株価を74.4%引き下げ

事業の赤字転換・黒字転換を視野に入れた長期プランニングが重要

オペレーティングリース事業への投資は、1年目の赤字が6年目の黒字に変換されたり、1〜4年目の赤字が5〜8年目の黒字に変換されたりすることにより、課税の繰延を実現します。しかしながら、事業が黒字化してしまうタイミングでは、タックスメリットが消滅してしまうという問題もあります。

そのため、課税の繰延をうまく活用するためには、今後の収支がどのように変化していくかを長期的に見定めて投資を行うことがポイントになります。

役員退職金の発生など、所得を減らすような事象の発生があらかじめわかっている場合には、そのタイミングに合わせてオペレーティングリース事業の黒字が発生するように投資を行います。

また、法人等の事業が黒字続きの状態でオペレーティングリース事業の黒字が発生した場合は、含み損を抱えた資産の売却等を行うことにより、リース事業の黒字と資産売却の損失を相殺することができます。

［図32］　赤字転落時に黒字を相殺

単位：億円

	1年目	2年目	3年目	4年目	5年目	6年目	7年目
対策前課税所得	10.5 特需発生	3.5	2	1	0.5	▲9.5 赤字転落	▲6
匿名組合型オペリース（10億円出資）	▲10					10	
直接保有型オペリース（10億円の航空機）		▲3	▲1.4	▲0.44	▲0.08	▲0.08	6.5
対策後課税所得	0.5	0.5	0.6	0.56	0.42	0.42	0.5

オペレーティングリース事業の黒字を相殺する手段がない場合には、黒字を相殺できるだけの赤字を発生させる別のオペレーティングリース事業に投資を行うのも一つの手でしょう。そうすることで、課税されるタイミングを例えば6年先に繰り延べることができます。

つまり、オペレーティングリース事業への投資額が全額回収されるのならば、何度でも課税のタイミングを6年先に繰り延べることが可能となるわけです。

ただし、例えば、法人の経営において、永遠に黒字経営を続けていくことはなかなか難しい時代になっていますので、所得が赤字になるタイミングで繰り延べてきた黒字を実現させるケースが多いのではないかと思います（図32）。

このように、オペレーティングリースを活用した課税の繰延は、数年先の事業黒字をどのように相殺していくかという長期的なプランニングが必要になります。したがって、将来の所得の減額要因を見据えて、オペレーティングリース事業への投資の可否を判断する必要があると思います。

また、オペレーティングリース事業では、最低でも投資額を全額回収する必要がありますので、賃貸料の回収可能性、賃貸借資産の中古売却価額の動向等のリスク要因を注意深く検討したうえで、投資の可否を判断する必要があります。課税の繰延にはなったけれども、投資として最終的に損失を出してしまっては本末転倒ですので、注意してください。

オペレーティングリースでは資産の固定化に注意

これまで見てきたように、オペレーティングリースでは、1000万円、1億円、5億円といった単位の投資を行うことになります。こうした投資が1年で減価償却できる場合もありますので、課税の繰延効果は抜群です。

一方で、オペレーティングリースでは資産が固定化されてしまうことに気をつけなければなりません。投資額の現金がヘリコプターなどの賃貸借資産に変わるため、数年間は現金化することができなくなりますから、資金繰りのことを十分に検討したうえで投資の可否を判断する必要があります。

例えば、会社が自己資金5億円でヘリコプターを取得し、賃貸期間5年、年間賃貸料5000万円、賃貸期間経過後3億円で売却すると仮定した場合、賃貸期間5年間では、投資額5億円の現金流出に対して、半分の2億5000万円が回収されているのみです。6年目にヘリコプターが3億円で売却できて初めて、投資額以上の5億5000万円が回収できることになります。つまり、この例では、会社は2億5000万円を5年間、自由に使えなくなっているのです。

当然のことですが、会社にとって最も大事な資産は、現金です。タックスマネジメントを実践して、オペレーティングリースに投資したけれども、資金繰りが苦しくなっては元も子もありませんので、気をつけてください。

第5章　太陽光事業で100％即時償却も――まだまだある使える資産

投資利回りとタックスメリットを両立できる太陽光事業が人気

減価償却を活用した節税法の一つとして、太陽光発電事業が人気を集めています。なぜなら、安定した投資利回りと、抜群のタックスメリットがあるからです。

平成24年7月から、再生可能エネルギーの固定価格買取制度が導入されています。これは、太陽光、風力、水力などを利用して発電した電気を、一定期間電気事業者（いわゆる電力会社）が固定価格で買い取ってくれる制度です。

買取価格や買取期間は、太陽光や風力といった電源ごとに、通常必要となるコストとそれに見合う利潤などを勘案して、経済産業大臣が決定します。制度上は、最初に適用された価格が固定価格となり、一定期間、その価格で電気を買い取ってもらうことになります。例えば平成26年度に参入した太陽光発電（10ｋＷ以上）事業者は、１ｋＷｈ当たり32円（税抜）で20年間、売電することができます。

この価格は一定の適正利潤を見込んでいますので、20年間運用すれば少なくとも投資額は全額回収できる期待があります。

タックスメリットを考えるうえでも、投資額が全額回収できることが大前提ですので、太陽光発電事業の活用は効果的といえます。

太陽光発電事業のタックスメリットは、大きく二つあります。一つは所得税、法人税の課税の繰延、もう一つは相続税の節税です。

まず、所得税、法人税について解説していきます。青色申告書を提出する個人及び法人が、太陽光発電設備を取得等し、かつ1年以内に事業の用に供した場合に、取得価額の30%の特別償却または7%の税額控除（中小企業者等のみ、一定の制限あり）のいずれかの優遇措置を受けることができます。

【普通償却＋特別償却（取得価額×30%）】

平成25年4月1日から平成28年3月31日までの間に取得等し、その日から1年以内に事業の用に供した場合、事業の用に供した日を含む課税期間において30%の特別償却ができます。

例えば、取得価額2000万円、法定耐用年数17年、定率法、年間売電収入106万円（固定価格買取期間20年）、減価償却費以外の費用はないとした場合を考えてみましょう。1年目の売電所得は、収入106万円－普通償却費236万円（2000万円×0・118）－特別償却費600万円（2000万円×0・3）＝▲730万円の赤字になりますが、課税の繰延が行われており、将来、黒字化した時点から課税されることになります。これまで取り上げてきた飛行機などと比べて、太陽光発電設備の法定耐用年数は17年と少し長いですが、特別償却を利用することにより、比較的大きい課税の繰延を実現できています。

さらに、中小企業などであれば、特別税額控除を選択することもできます。

【中小企業者等は、取得価額の7％相当額の税額控除を選択可能】

適用要件は特別償却と同じです。ただし、事業に供した事業年度の法人税の額（個人の場合は供用年の事業所得に係る所得税の額）の20％相当額が税額控除の限度となります。

特別税額控除の場合、２０００万円×７％＝１４０万円を全額控除するためには、例えば法人税額は、７００万円（控除限度額７００万円×０・２＝１４０万円）以上あることが条件となります。

税額控除の限度額を超える金額については、その後1年間だけ繰り越すことができますが、その場合でも、法人税の額（個人の場合は所得税の額）の20％相当額が税額控除の限度になります。特別償却と特別税額控除のどちらが有利になるかは、ケースバイケースで個別に判断していくことになります。

グリーン投資減税で１００％即時償却も可能

一定の要件を満たせば、太陽光発電設備の取得価額の全額がその使用を開始した課税期間の経費や損金になる「グリーン投資減税」が実施されています。この制度では、金額の上限がなく、１００％の即時償却ができることから、節税策（課税の繰延）として大変な威力を発揮することが期待できます。

例えば、出力量50ｋＷの太陽光発電設備の取得価額は、２０００万円程度といわれていますので、それが即時償却できて課税の繰延ができることは、大きなタックスメリットです。

グリーン投資減税の適用要件は、次のとおりです。

- 平成25年4月1日から平成27年3月31日までの期間内に太陽光発電設備を取得
- 取得等した日から1年以内に国内において事業の用に供する
- 太陽光発電設備は経済産業大臣による認定発電設備で、出力10ｋＷ以上
- 太陽光発電設備は新品であること

これらを満たした場合、太陽光発電設備の取得価額を全額、即時償却することができます。ただ、太陽光発電設備を貸し付けた場合や、所有権移転外リース取引によって取得した場合などは、即時償却の対象外になってしまいます。

注意しなければいけないのは、他の償却資産と同様、事業の用に供されること、つまり

事業の一部として利用されていることが要件の一つになっていることです。そのため個人の場合、太陽光発電事業の所得が事業所得に該当している必要があります。

太陽光発電設備による売り上げを事業所得にするには

では、太陽光発電設備による所得が事業所得に該当するためには、どのようにすればよいのでしょうか。まずは次に挙げるいくつかのケースを見てください。○のケースは事業所得に該当する、×の場合は該当しない、ということです。

- 発電した電力（出力50ｋＷ以上）をすべて売電。電気主任技術者あり……○
- 自宅屋根の設備で発電した電力（出力50ｋＷ未満。特段の管理なし）をすべて売電……×
- サラリーマンが自宅の設備で発電した電力を家庭内で使い、余ったものだけ売電……×
- 個人事業者が店舗の設備で発電した電力を店舗で使い、余ったものだけ売電……○

・不動産賃貸業者が賃貸アパートに設置した設備で発電した電力を、アパートの共用部分で使い、余ったものだけ売電……×

事業所得になるかどうかは、状況によって様々であることがおわかりいただけると思います。

具体的に適用要件を説明すると、まず発電した全量を売電するか、余剰分だけ売電するかで分かれます。

例えば、太陽光発電事業から生じる電力（出力量50ｋＷ以上）をすべて売電し、電気事業法に基づく電気主任技術者の選任を行っている場合は、一般的に事業所得になると考えられます。また、出力量50ｋＷ未満の場合であっても、次のような一定の管理を行っているときなどは、一般的に事業所得になると考えられます。

① 土地の上の太陽光発電設備の周囲にフェンス等を設置しているとき
② 土地の上の太陽光発電設備の周囲の除草やその設備の除雪等を行っているとき

③　建物の上の太陽光発電設備の除雪等を行っているとき
④　賃借した建物や土地の上に太陽光発電設備を設置したとき

なお、自分の建物の上に太陽光発電設備を設置した場合で何も管理を行っていないときは、売電収入が雑所得になりますので、注意する必要があります。

次に、全量売電ではなく、余剰売電の場合の所得区分の考え方を見ていきましょう。

冒頭で挙げたサラリーマンのケースでは、売電収入は雑所得に該当すると考えられます。雑所得に該当すると、特別償却や即時償却、特別税額控除を利用することはできません。減価償却費は、法定耐用年数17年に基づく普通償却費に業務量割合（発電量のうちに売却した電力量の占める割合）を乗じた金額が雑所得の計算上、必要経費になります。

一方、個人事業主のケースですが、この場合の売電収入は、事業所得の付随収入になると考えられます。そのため、特別償却や即時償却、特別税額控除を利用することができると考えられます。

では不動産賃貸業のケースでは、なぜ事業所得に該当しないのでしょうか。この場合、その売電収入は不動産所得の収入金額に該当するからです。不動産所得に該当すると、特別償却や即時償却、特別税額控除を利用できません。なお、不動産賃貸業を営む個人が、賃貸不動産に太陽光発電設備を設置し、全量売電を行っている場合は、それが事業として行われている場合を除き、雑所得に該当すると考えられます。

まとめると、全量売電の場合の所得区分は、一般的に事業所得または雑所得になり、余剰売電の場合の所得区分は、一般的に事業所得、不動産所得または雑所得に分かれることになります。

ここまで、太陽光発電に関する所得区分について見てきましたが、不動産所得になるケースは比較的わかりやすく、発電した電気を賃貸物件の共用部分で使い、余った電気を売却している場合です。

問題は事業所得と雑所得の区分です。前述したように、事業所得に該当するか、雑所得に該当するかで、税務上の効果が大きく違ってきますので、実務上、常にトラブルが絶えない論点になっています。

そこで、参考までに、事業所得に該当するための要件について、法律の規定と最高裁判所の判例を見ていくことにしましょう。

まず、所得税法27条では、「事業所得とは、農業、漁業、製造業、卸売業、小売業、サービス業その他の事業で政令で定めるものから生ずる所得（山林所得又は譲渡所得に該当するものを除く。）をいう」と規定されています。この規定では、「その他の事業で政令で定めるもの」の内容を見てみないと、太陽光発電が事業所得に該当するのかどうか、明らかではありません。

次に、所得税法施行令63条では、「政令で定める事業は、次に掲げる事業（不動産の貸付業又は船舶若しくは航空機の貸付業に該当するものを除く。）とする。

一〜十一（略）

十二　前各号に掲げるもののほか、対価を得て継続的に行なう事業」

と規定されています。十二号で「対価を得て継続的に行なう事業」に太陽光発電事業が含まれるのかどうかがポイントです。十二号による要件は二つで、①対価を得る、②継続的に行う、ことです。太陽光発電を全量売電している場合、対価は得ていますし、原則として20年間発電を行うこととしていますので、要件を満たしているようにも見えます。

ここで、法律の解釈として、最高裁判所の判例を見てみましょう。最高裁昭和56年4月24日第二小法廷判決では、「事業所得とは、自己の計算と危険において独立して営まれ、営利性、有償性を有し、かつ、反復継続して遂行する意思と社会的地位とが客観的に認められる業務から生ずる所得」と示されています。この最高裁判例によって、要件が四つに増えました。

① 自己の計算と危険において独立して営まれる（つまり、独立した経済的活動）
② 営利性を有する（つまり、利益を得ている）
③ 有償性を有する（つまり、対価を得ている）
④ 反復継続して遂行する意思と社会的地位とが客観的に認められる業務

太陽光発電が事業所得に該当するためには、この四つの要件を満たしていれば実務上、安全と考えられますが、特に④の要件を満たせるかどうかがポイントになります。

①　独立した経済的活動であるためには、他者の指揮監督の下ではなく、自ら太陽光発電の事業計画を立て、そのリスクを負うことが考えられます。
②　太陽光発電は事業全体として利益が得られる電気の買取価格であると思われます。
③　太陽光発電の売電は、一般的に対価を得ていると思われます。
④　反復継続の意思と業務の社会的地位が客観的であるためには、太陽光発電において自分が事業主として、資金調達を行い、発電設備等の設置や電気主任技術者の選任を行うとともに、設備の管理として、除草、除雪などを行うことが考えられます。
なお、太陽光発電を行う者の職業や社会的地位も考慮する必要があります。

このように、太陽光発電事業を減価償却の節税に活用するためには、細かな制約があります。しかしうまく活用できれば絶大な節税効果を発揮しますし、特別償却が利用できる今こそ活用のチャンスでもあります。税務上の無用なトラブルを避けるためにも、太陽光発電設備の除草や除雪、故障時対応などの管理業務を確実に実施して、その証拠を残しておくようにしましょう。

【太陽光発電設備を使った節税額のイメージ】

（個人の場合の設例）

- 年初に事業供用（使用期間12か月）
- 取得価額：2000万円
- 売電収入：106万円
- 減価償却費：2000万円（即時償却）
- 所得税等の最高税率：55%適用と仮定

- **所得税等の節税（課税繰延）額**

（106万円－2000万円）×55%＝**約1041万円**

（法人の場合の設例）

- 期首に事業供用（使用期間12か月）
- 取得価額：2000万円
- 売電収入：106万円
- 減価償却費：2000万円（即時償却）
- 法人税実効税率：35.64%と仮定

- **法人税等の節税（課税繰延）額**

（106万円－2000万円）×35.64%＝**約675万円**

小規模宅地等の特例を使えば相続税も80％減額

減価償却からは離れてしまいますが、太陽光発電設備を事業として利用することで、相続税の節税にもなりますので、ここであわせて解説しておきましょう。

平成27年1月1日以後の相続・遺贈の場合、相続税が増税になります。増税の内容は、基礎控除の引き下げと税率の引き上げです。基礎控除とは、課税される最低ラインであり、原則として相続財産が基礎控除よりも多ければ、相続税が課税されることになります。増税前の相続税の基礎控除は、「5000万円＋（1000万円×法定相続人の数）」ですが、増税後の基礎控除は、「3000万円＋（600万円×法定相続人の数）」であり、4割縮小されています。税率の引き上げとしては、各法定相続分に応ずる取得金額が2億円超3億円以下の場合、税率が40％から45％に、6億円超の場合は、税率が50％から55％に、それぞれ引き上げられています。

例えば、相続財産が現金7億円、法定相続人（子）1人、控除等の適用がない場合の相続税額を見てみましょう。

【増税前】

〈課税対象資産〉7億円－6000万円（基礎控除）＝6億4000万円

〈相続税額〉2億7300万円（平均税率（相続財産に占める相続税額の割合）39％）

【増税後】

〈課税対象資産〉7億円－3600万円（基礎控除）＝6億6400万円

〈相続税額〉2億9320万円（平均税率42％）

増税前と増税後を比較すると、相続税額が2020万円も増えており、出力50ｋＷの太陽光発電設備が買えるくらいのインパクトがあります。こうした相続税の増税に対処するための一番良い方法は、合法的な節税策に早く取り組むことです。相続税の合法的な節税を行うためには、一般的に時間がかかりますので、早く取り組んだ人ほど得をする可能性が高いと考えられます。

それでは、太陽光発電設備を利用した相続税の節税策を見ていきましょう。

太陽光発電設備を利用した節税でポイントになるのは、「小規模宅地等の特例」です。相続税の計算をする場合、一定の要件のもと、居住用の宅地や事業用の宅地についてその資産の価額を減額する制度が設けられているのです。

例えば、被相続人の事業用の宅地を、事業を承継する親族が取得して申告期限まで保有し、承継した事業も申告期限まで営んでいる場合、その宅地のうち４００㎡までの部分についてその評価額の80％が減額されます。これを特定事業用宅地等といいます。

また、被相続人の居住用の宅地を配偶者が取得した場合、その宅地のうち３３０㎡（平成27年１月１日以後開始する相続）までの部分についてその評価額の80％が減額されます。これを特定居住用宅地等といいます。平成27年１月１日以後は、この二つを完全に併用できますので、合計７３０㎡までの宅地等について、80％の評価減を使える可能性があります（図33）。

［図33］ 小規模宅地の特例

＜減額の割合：平成27年以降＞

<table>
<tr><th colspan="3">相続開始の直前における宅地等の利用区分</th><th>要件</th><th>限度面積</th><th>減額割合</th></tr>
<tr><td rowspan="5">被相続人等の事業の用に供されていた宅地等</td><td colspan="2">貸付事業以外の事業用の宅地等</td><td>特定事業用宅地等に該当する宅地等</td><td>400㎡</td><td>80%</td></tr>
<tr><td rowspan="4">貸付事業用の宅地等</td><td rowspan="2">一定の法人に貸し付けられ、その法人の事業（貸付事業を除く）用の宅地等</td><td>特定同族会社事業用宅地等に該当する宅地等</td><td>400㎡</td><td>80%</td></tr>
<tr><td>貸付事業用宅地等に該当する宅地等</td><td>200㎡</td><td>50%</td></tr>
<tr><td>一定の法人に貸し付けられ、その法人の貸付事業用の宅地等</td><td>貸付事業用宅地等に該当する宅地等</td><td>200㎡</td><td>50%</td></tr>
<tr><td>被相続人等の貸付事業用の宅地等</td><td>貸付事業用宅地等に該当する宅地等</td><td>200㎡</td><td>50%</td></tr>
<tr><td colspan="3">被相続人等の居住の用に供されていた宅地等</td><td>特定居住用宅地等に該当する宅地等</td><td>330㎡</td><td>80%</td></tr>
</table>

出典：国税庁ＨＰをもとに作成

注）減額を受けるにはそれぞれ適用の要件があります。

例えば、１㎡の評価額が１００万円の居住用の宅地を３３０㎡（１００坪）所有するとともに、１㎡の評価額が50万円の太陽光発電用地に使える土地を４００㎡（約１２１坪）所有しているとします。

【小規模宅地等の特例を使わない場合の土地の価額】
・居住用宅地　３３０㎡×１００万円＝３億３０００万円
・空地　　　　４００㎡×50万円＝２億円
・土地の価額　５億３０００万円
【小規模宅地等の特例を使った場合の土地の価額】
・特定居住用宅地　３億３０００万円×20％＝６６００万円
・特定事業用宅地　２億円×20％＝４０００万円
・土地の価額　　　１億６０００万円

小規模宅地等の特例をフル活用すると、このケースでは４億２４００万円もの評価減の

［図 34］ 太陽光発電設備を活用した土地の評価減

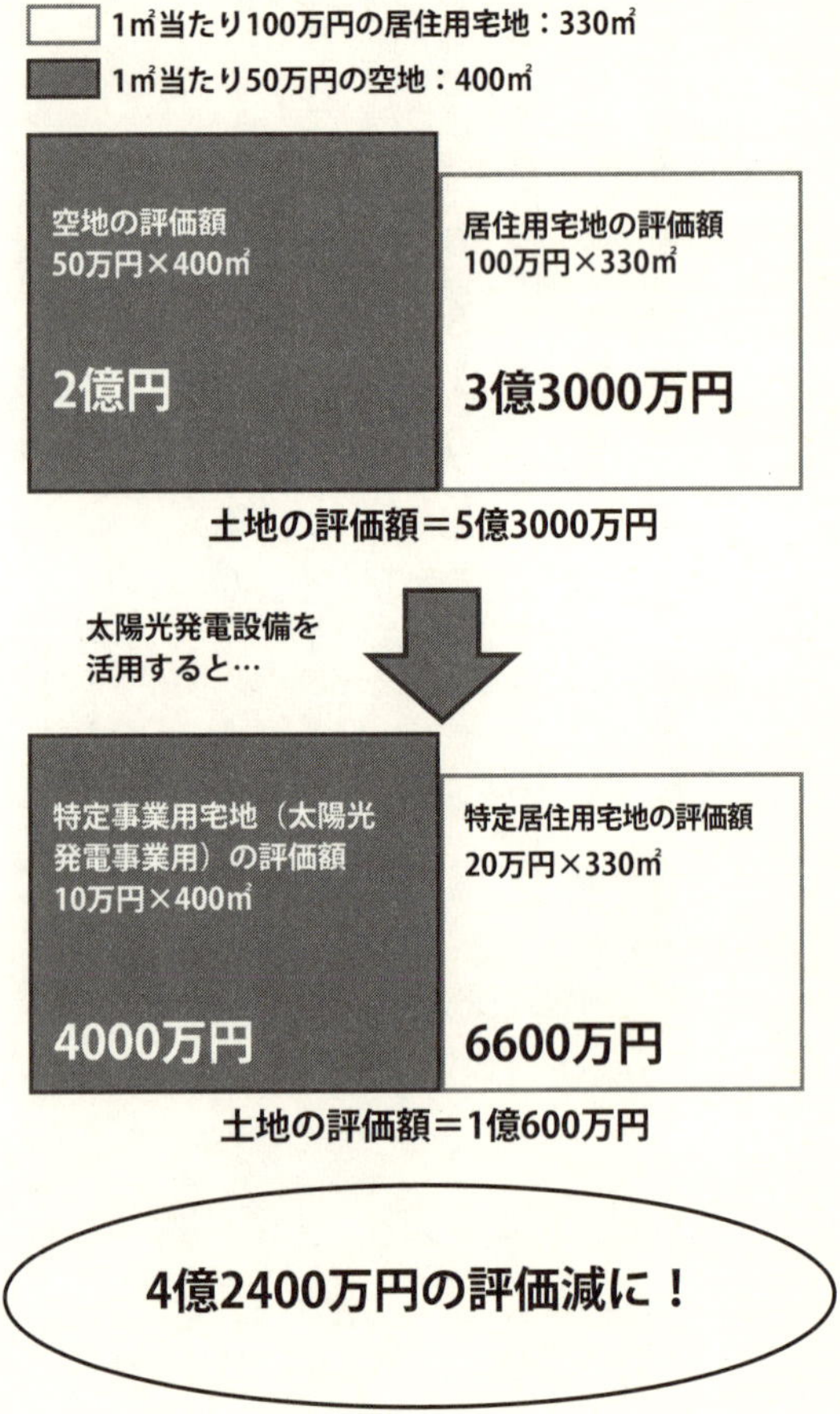

メリットがあります。特定事業用宅地等の特例を活用するために、ポイントになるのが太陽光発電事業です（図34）。

つまり、被相続人等が営む太陽光発電事業の敷地が特定事業用宅地等に該当すれば、400㎡を限度として、評価額の80%が減額され、さらに居住用の宅地も要件を満たせば、330㎡まで80%評価減になるわけです。

それでは、特定事業用宅地等に該当するための要件を見ていきましょう。

要件は、大きく二つあります。

一つは、相続開始の直前において被相続人等の事業（不動産貸付業、駐車場業、自転車駐車場業及び準事業を除く）の用に供されていた宅地等であることです。この宅地等とは、建物または構築物の敷地の用に供されている土地または土地の上に存する権利（農地及び採草放牧地は除く）のことで、棚卸資産及びこれに準ずる資産を除きます。

もう一つは、次の①と②の場合に、それぞれに掲げる要件のすべてに該当する被相続人の親族が、相続または遺贈によりその宅地等を取得することです。

① 被相続人の事業の用に供されていた宅地等

【事業承継要件】被相続人の親族がその宅地等の上で営まれていた被相続人の事業を相続税の申告期限までに引き継ぎ、かつ、その申告期限までその事業を営んでいること

【保有継続要件】事業を承継した親族がその宅地等を相続税の申告期限まで有していること

② 被相続人と生計を一にしていた被相続人の親族の事業の用に供されていた宅地等

【事業承継要件】被相続人と同一生計親族が相続開始の直前から相続税の申告期限まで、その宅地等の上で事業を営んでいること

【保有継続要件】被相続人と同一生計親族がその宅地等を相続税の申告期限まで有していること

①の場合、例えば、被相続人が所有する土地の上に建物や構築物があり、そこに太陽光発電設備を設置して、事業所得に該当する事業を営んでいるとします。相続が発生した場

合には、要件を満たす事業承継親族がその事業用宅地を取得すれば、４００㎡まで評価額の80%減額を行うことができる可能性があると考えられます。

ただし、注意しなければならないのは、被相続人が所有する裸の土地の上に、建物や構築物なしで太陽光発電設備を設置した場合、太陽光発電設備は一般に機械装置と考えられ、その土地は建物や構築物の敷地の用に供されていないことから、特定事業用宅地等に該当しないと考えられます。

したがって、特定事業用宅地等の特例をしっかり活用するためには、被相続人が所有する土地を建物や構築物の敷地の用に供したうえで、その上に事業用の太陽光発電設備を設置することがポイントになります。

生物にも耐用年数がある

ここまではタックスマネジメントに使える人気の償却資産、オーソドックスな償却資産について詳しく解説してきましたが、その他にも意外なものが償却資産として経費化できますので、いくつかご紹介しましょう。

オーナー社長や資産家のなかには、趣味で競走馬を買ったりする人もいます。実はこのような生物にも耐用年数があり、減価償却されていくことをご存じでしょうか。

生物（動物と植物）は、その利用形態によって、税務上三つの資産に分かれます。

① 生物が販売用である場合は、他者へ販売することを目的にその生物を育成・保有していることから、棚卸資産に該当し、減価償却資産ではないため、減価償却を行うことはできません。例えば、販売目的として飼育している食肉用の豚や牛などです。

② 観賞用、興行用その他これらに準ずる用に供する生物については、器具及び備品に該当し、減価償却を行うことになります。例えば、動物園や植物園の動植物です。

③ 個人や法人の事業や業務の用に供される生物（観賞用等を除く）は、生物として減価償却資産に該当し、帳簿価額1円まで減価償却を行うことになります。例えば、酪農農家の乳牛や果樹農家のりんご樹などです。

生物（鑑賞用等を除く）の償却方法は定額法のみに限定されているので、課税の繰延にはあまり馴染まないような仕組みになっています。例えば、競走馬の法定耐用年数は4年ですから、1000万円で購入した場合は250万円ずつ毎年定額で償却していくことになります。定率法が使えないので、早期に多額の償却費を計上することはできない、ということです。

さて、生物は機械などとは違い、成長し、年をとり、やがて死んでしまうものです。生物の減価償却は、いつ始まり、いつ終わるのでしょうか。生物の減価償却は、生物がその成熟の年齢または樹齢に達した月から行うことができます。既に成熟に達した後に取得した生物については、取得の月から減価償却を行うことができます。

では、成熟の年齢または樹齢とは、いつのことなのでしょうか。家畜は通常事業の用に供する年齢、果樹はおおむね果実等の生産について採算が合うようになった樹齢です。成熟の年齢または樹齢の判定が困難な場合には、国税庁の通達で示されている成熟の年齢（樹齢）を用いることができます。

例えば、競走馬の成熟の年齢は、満2歳とされています。この場合、競走馬は満2歳から満6歳までの4年間で取得価額が定額法により減価償却されていくことになります。

次に、生物の取得価額の考え方です。自分で育成した競走馬の取得価額は、①競走馬の購入の代価、②競走馬の種付費及び出産費並びに競走馬の育成のために要した飼料費、労務費及び経費、③事業の用に供するために直接要した費用などの合計額になります。

競走馬の所得区分は?

個人が競走馬を保有している場合、その所得区分は事業所得か雑所得になります。事業所得に該当すれば、競走馬事業の赤字を他の所得と通算できるメリットがありますが、雑所得に該当する場合は損益通算ができません。事業所得に該当するかどうかは、太陽光発電事業のところでも説明したように非常に重要な考え方です。競走馬事業の該当要件についても確認しておきましょう。

①　その年において、競馬法に基づく登録を受けている登録馬（その年における登録期間が6月以上であるもの）を5頭以上保有している場合

②　その年以前3年以内の各年において、登録馬（その年における登録期間が6月以上であるもの）を2頭以上保有しており、かつ、その年の前年以前3年以内の各年のうちに、競走馬の保有に係る所得の金額が黒字である年が1年以上あること。

③　その年以前3年間の各年において競馬賞金等の収入があり、その3年間のうち、年間5回以上（2歳馬については年間3回以上）出走している競走馬（共有馬を除く）を保有する年が1年以上ある場合

このいずれかの要件を満たしていればいいわけですが、意外に複雑で、難しそうですね。例えば、③の目安について、もう少しわかりやすく考えてみましょう。仮に私が「ゲンカショーキャクオー」という4歳の競走馬の馬主として、2010年から2013年の3年間、競馬賞金の収入を得ていたとします（必ずしも黒字である必要はありません）。ゲンカショーキャクオーが2013年に年間5回以上出走していれば、事業所得に該当す

ることになります。つまり、個人馬主として競走馬を最低1頭保有しており、その競走馬が3年間、毎年賞金収入を稼ぐとともに、3年間のうち最低1年は年間5回以上（3歳馬以上）出走していれば、事業所得に該当することになります。優秀な競走馬が1頭いれば、事業所得に該当する可能性があるわけです。

なお、競走馬の生産者などが、その事業に関連して保有している競走馬に関する所得は、事業所得になります。

愛馬が引退してしまったら?

私の愛馬、ゲンカショーキャクオーが怪我を理由に引退を余儀なくされた場合、資産としてはどのような扱いになるのでしょうか。

個人所有の競走馬としての愛馬が何らかの理由で引退した場合、その後は一般的に、用途の転用か、譲渡されることになると思います。

用途の転用とは、例えば、競走用から繁殖用に用途を変えることです。引退した名馬が種牡馬になるのは報道などでもよく目にします。その場合の減価償却はどうなるのかを見てみましょう。

馬を転用した場合には、その転用した年の減価償却費はその転用がなかったものとして計算します。翌年以後の減価償却費は、転用した年の翌年１月１日の未償却残額を取得価額とみなして、使用可能期間にわたって償却していくことになります。この場合、使用可能期間の年数を見積もる必要がありますが、それが明らかでないときは、馬については10年から満年齢（転用した年の翌年１月１日時点、１年未満の端数は切り捨て）を控除した年数が使用可能期間の年数になります。

例えば、ゲンカショーキャクオー（牝４歳１月１日生）の取得価額８０００万円、未償却残額４０００万円を繁殖用に転用した場合の減価償却費を見てみましょう。

【転用した年の減価償却費】

８０００万円×０・２５＝２０００万円

【転用した翌年の減価償却費】

2000万円×0・2（5年の定額法償却率（注））＝400万円

（注）使用可能年数10年－5年＝5年

次に、転用ではなく譲渡した場合です。個人が競走馬を譲渡する場合、競走馬を事業用として保有していたのか、そうでないのかによって、税務上の取り扱いが異なります。

事業用の競走馬を譲渡したときは、譲渡所得が黒字の場合、総合課税として課税されますが、赤字の場合は、他の黒字の所得との損益通算が可能です。

事業用以外の競走馬を譲渡したときは、譲渡所得が黒字の場合、事業用と同じく総合課税として課税されます。譲渡所得が赤字の場合は、その赤字は他の一般の資産の譲渡による譲渡所得の黒字から控除することができるほか、競走馬の賞金などの雑所得の金額からも控除することができますが、控除しきれなかった金額は生じなかったものとみなされます。

観賞用熱帯魚や番犬も「器具及び備品」になる

観賞用、興行用その他これらに準ずる用に供する生物については、器具及び備品に該当しますので、償却方法として定率法を使うことができます。

具体的には、動物園にいるパンダやキリン、水族館にいるイルカやペンギン、植物園の植物、サーカスに出てくる象やライオンなどはすべて備品となるわけです。さらには、会社の番犬や受付で見かける観賞用の熱帯魚、応接室に飾った観葉植物、旅館の池のニシキゴイなども備品です。取得価額が10万円未満のものは、全額を必要経費や損金にすることができると考えられます。

絵画を買うなら号当たり2万円まで

時の経過によりその価値が減少しない資産は減価償却資産に該当しないのですが、絵画や骨董品などの書画骨董は非減価償却資産に当たるのか、それとも減価償却資産に当たる

のか、線引きが難しいところです。そこで、国税庁の通達では、原則として書画骨董に該当するものとして、

① 古美術品、古文書、出土品、遺物等のように歴史的価値又は希少価値を有し、代替性のないもの

② 美術関係の年鑑等に登載されている作者の制作に係る書画、彫刻、工芸品等

を挙げています。

なお、書画骨董に該当するかどうかが明らかでない美術品等でその取得価額が1点20万円未満、絵画の場合には号当たり2万円未満のものについては、減価償却資産として取り扱うことができます。したがって、絵画の取得価額を経費化したい場合には、書画骨董に該当するか不明な絵画で号当たり2万円未満のものを取得することがお得ではないでしょうか。

第6章　安易な償却資産活用で後悔しないために

国税庁にツッコまれるのは使用の有無と時期

減価償却の仕組みと節税での活用について様々に解説してきました。減価償却費を計上するには多くの条件・要件があることや、使えれば大きなメリットが得られることがおわかりいただけたかと思います。

そこで最後の章では、ここまでのおさらいも含めて、減価償却を間違いなく活用するための注意点をまとめておきたいと思います。高額資産を取得したのに税金も安くならなかった……となってしまっては、その後の資金繰りなどまで難しくなってしまうでしょう。

減価償却資産については、事業や業務の用に供されていなければ、税務上減価償却費を計上することはできません。これまで取り上げてきた高級中古車、クルーザー、ヨットなどを事業と関係なく自分の趣味や娯楽などのために利用している場合、減価償却費が認められないだけでなく、場合によっては、次のような問題が生じることがあります。

例えば、クルーザーなどの取得価額の全額が会社の代表者に対する給与と認定されて、会社に対して源泉所得税の追徴が行われたり、クルーザーの取得時に支払った消費税を消費税の計算上、控除が認められないということで、消費税の追徴という問題に発展することがあります。

したがって、減価償却資産については、事業や業務の用に供されているという証拠をしっかり残しておくことがトラブル防止の鉄則です。

例えば、減価償却資産の取得日や事業供用日（いわゆる本格的な使用を開始した日）がわかる証拠資料を残すことや償却資産の利用規程や使用実績簿をきちんと作成して残すことなどが重要です。

ただ、せっかく証拠資料を作成しても、嘘の日付などを記載してしまうのが、税務上問題になる典型的なパターンです。

例えば、３月決算の会社で機械の事業供用日を証拠書類上３月31日と記載していたが、実際の機械の納入日は４月だったというような場合です。会社ぐるみで日付改ざんという仮装行為をしていると、重加算税というペナルティの対象になる可能性もありますので、注意が必要です。

また、太陽光発電設備の即時償却も、第5章で解説したとおり事業の用に供した課税期間にできるものですので、こちらも注意する必要があります。

実際に事業に使っているかどうかについていうと、もう一つ注意しなければならないパターンがあります。

ある会社では、予備の機械を取得していたものの、実際には使われずに1年間保管していました。期末を迎えていざ償却費を計上しようとしたところ、それはできないと指摘を受けてしまいました。なぜでしょうか。

実はこれはよくあるケースです。新品の減価償却資産を購入して未使用のまま保管しているにもかかわらず、個人や法人の所得計算上減価償却費を計上してしまうのです。減価償却資産が実際には事業や業務の用に供されていないために認められないわけですが、使っているかどうか確認をしないまま、減価償却を行おうとする人が多いのかもしれません。

では、次のような場合はどうでしょうか。

ある会社で特需により一時的に注文が増え、工場の生産ライン（機械装置）を増設しましたが、その後注文が減ったので、いつでも再稼働できる状態で生産ラインを休止しました。休止した機械装置の減価償却費は事業の用に供していないので、損金にできないと諦めていたのですが、この場合は損金にできるということでした。これはなぜでしょうか。

国税庁の通達において、稼働を休止している資産であっても、その休止期間中必要な維持補修が行われており、いつでも稼働し得る状態にあるものについては、減価償却資産に該当するとされているからです。

つまり、未使用の資産は事業の用に供されていないのに対して、稼働休止資産はいったん事業の用に供されたけれども稼働を休止している資産ですので、取り扱いが異なることに注意が必要です。

なお、他の場所において使用するために移設中の減価償却資産については、その移設期間が一般的に必要な期間であれば、減価償却を継続することができます。

次に、減価償却資産の使用を完全に止めてしまって、二度と使わない場合はどうなるのでしょうか。この場合、その償却資産を破砕、廃棄等していない場合であっても、その資産の帳簿価額から処分見込価額を控除した金額を除却損として、経費や損金の額に算入することができます。これを有姿除却といい、国税庁の通達では二つの要件があります。

① その使用を廃止し、今後通常の方法により事業の用に供する可能性がないと認められる固定資産

② 特定の製品の生産のために専用されていた金型等で、当該製品の生産を中止したことにより将来使用される可能性のほとんどないことがその後の状況等から見て明らかなもの

つまり、二度と使わない資産については、その資産を使用して収入や収益を上げることはできませんので、帳簿価額から処分見込価額を差し引いた金額を経費・損金化してもよいという取り扱いです。償却資産を廃棄等する必要がなく、経費・損金化ができますので、要件を満たす資産があれば積極的に利用してください。

ただし、「通常の方法により事業の用に供する可能性がない」、つまり通常の方法では二度と使わないことが要件になっているので、そのことをきちんと主張できるようにしてお

かなければなりません。

例えば、パソコンは法定耐用年数が4年ですが、場合によっては、それよりも早く使用を完全に止めることも考えられます。今後、通常の方法で使用する可能性がまったくないとはいえませんので、一般的に有姿除却することは難しいと考えられます。この場合には、パソコンを売却するか、廃棄処分したうえで除却損を経費・損金化することになると思います。

では、有姿除却による除却損を経費・損金化しているにもかかわらず、その資産を使用し続けている場合、どうなるのでしょうか。当然ながら、その除却損は税務上認められず、しかも過少申告加算税等のペナルティが科せられる場合もありますので、注意しつつ有姿除却を活用していく必要があります。

決算日直前の購入は要注意

皆さんが税金について最も気にかかり、考えるようになるのは、やはり期末、決算日の直前ではないでしょうか。しかし決算日直前になって、とんでもない課税所得が発生していたことに気がついて、あわてて減価償却資産を活用しようとしても、できないことがあるので要注意です。

減価償却資産を決算日直前に購入する場合は、二つの点に留意する必要があります。一つは、課税期間内に事業や業務の用に供しているかどうか。もう一つは、事業の用に供することができたとしても、減価償却費が月割計算されてしまうことです。

再三述べてきたことですが、減価償却資産は事業の用に供した課税期間に、減価償却費を計上することができます。そのため、決算日直前に太陽光発電設備を取得したけれども、事業の用に供していない場合、償却費の計上はできません。

この「事業の用に供した日」というのは、一般的には、減価償却資産の性質に従って、本来の目的のために使用を開始した日とされています。太陽光発電設備の場合であれば、試運転ではなく、本格的に太陽光発電を始めた日が事業供用日と考えられます。

例えば、3月決算の会社で、3月に太陽光発電設備を事業供用する予定が、試運転でトラブルが発生し、本格稼働が4月にずれ込んでしまったとします。当然のことですが、これでは3月末までの課税期間に減価償却費を計上することはできません。

3月末までに事業供用したのか、あるいは4月に入ってから事業供用したのかによって、即時償却を損金化できる事業年度が変わります。これは、タックスマネジメントに大きな影響を与えますので、決算期末での事業供用は避けたほうが無難です。やむを得ない場合には、税務トラブル防止のため、正しい記録や証拠をしっかり残して、その正当性を主張できるようにしておきましょう。

また、課税期間の中途で事業供用された資産の減価償却費は月割計算されます。例えば、3月決算法人が3月に4年落ちの高級中古車を400万円で取得して即時に事業供用したとしても、減価償却費は、400万円×1／12＝約33万円しか計上できません。前年の4月から事業供用していれば、約400万円が償却費として計上できるのですから、決算直前の3月に取得して事業供用することは、タックスメリットを大きく低下させてしまいます。やはり、早め早めにタックスマネジメントを考えておくことが重要なわけです（図35）。

[図35]　期末直前の減価償却

取得価額400万円の中古車の場合

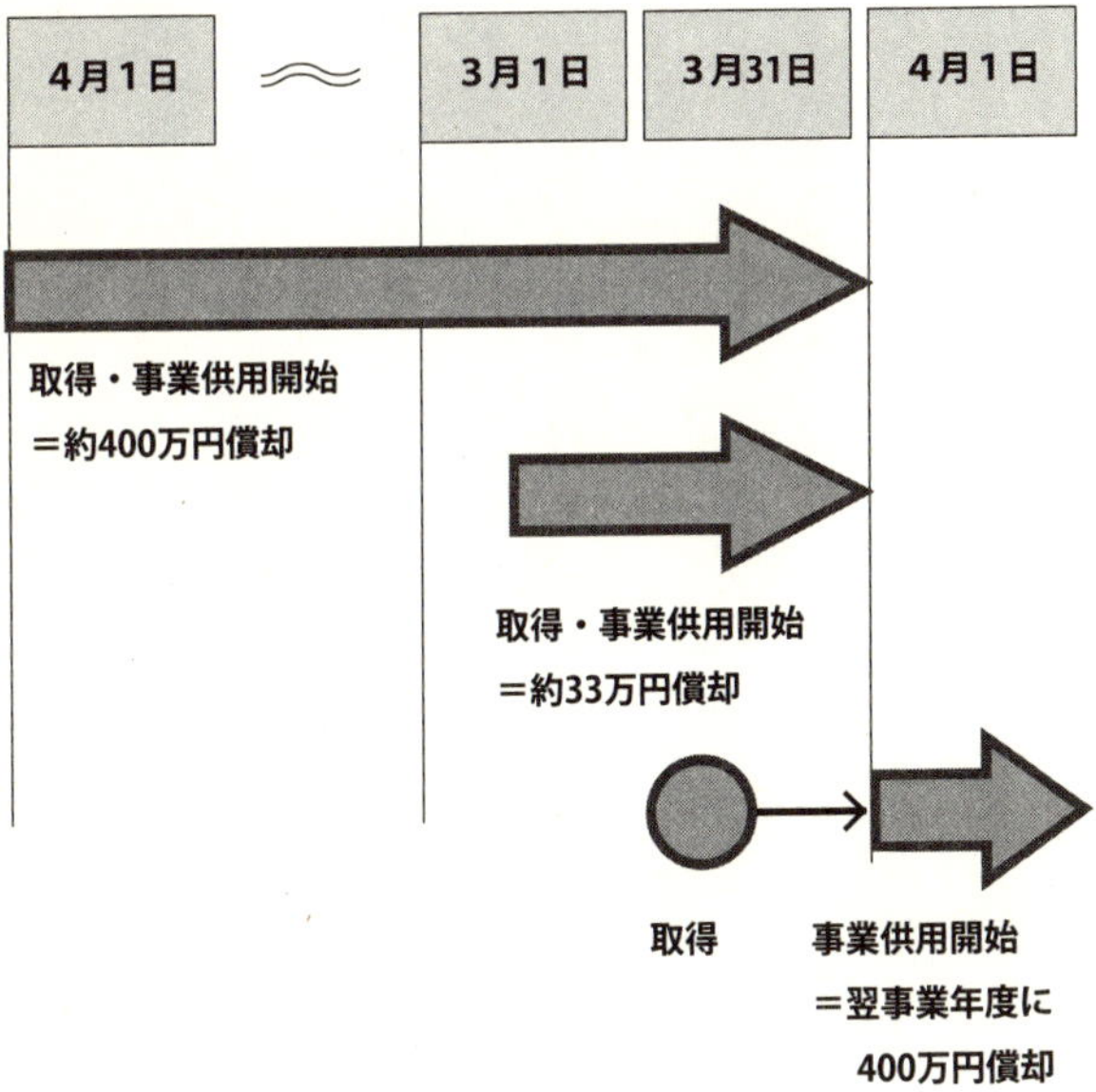

事業年度が1年未満の場合はどうする?

法人の設立1期目や決算期を変更した場合には、その法人の事業年度が1年に満たない場合があります。このように事業年度が1年未満の場合は、定額法や定率法の償却率を月割計算することになります。具体的には、定額法または定率法に係る償却率または改定償却率×その事業年度の月数／12を使って計算することになります。

例えば、12月に設立された法人（3月決算）が取得価額2000万円、耐用年数17年、償却率0・118、定率法の資産を12月に取得し、即時に事業供用した場合の減価償却費を見てみましょう（償却保証額は省略します）。

まず、この場合の償却率は、0・118（定率法の償却率）×4／12＝0・04になります。ここで、小数点3位未満の端数がある場合、その端数は切り上げられます。この償却率を基に減価償却費を計算すると、2000万円×0・04＝80万円となります。

一見魅力的な増加償却も実は使いにくい

通常の減価償却費にプラスαの費用を上乗せして費用計上できる「増加償却」という制度があります。増加償却は、通常考えられる以上に資産が消耗したときに、その分だけ償却費に加えましょう、という制度です。例えば、工場の生産ライン（機械装置）が通常の使用時間を超えて24時間フル稼働している場合などは、償却資産の損耗が大きくなるので、通常の減価償却費に、償却資産の使用時間が長くなっている分の増加償却を加えることができるということです。

機械及び装置の法定耐用年数は、通常の経済事情における平均的な使用時間（標準稼働時間）を基に決められています。しかしながら、注文の増加などにより、法定耐用年数が想定している標準稼働時間よりも実際の使用時間が長い場合があります。そこで、損耗の程度に応じて償却額を増加するわけです。

増加償却が適用できる償却資産は機械装置のみであり、また、次の五つの要件をすべて満たす必要があります。

① 標準稼働時間を超えて使用していること
② 定額法又は定率法により償却していること
③ 増加償却割合が10％以上であること
④ 増加償却の届出書を、増加償却を行う事業年度等の法人税等の確定申告書の提出期限までに提出していること
（注）この届出書は、増加償却を行う課税期間ごとに提出する必要があります。
⑤ 超過使用したことを証明する証拠書類を保存していること

増加償却割合とは、機械装置の1日当たりの超過使用時間数×3・5％（少数点以下2位未満切り上げ）とされています。一方で、機械装置の通常の使用時間は、国税庁の通達により、設備の種類ごとに週6日制を前提として、1日の時間が8時間、16時間、24時間とされています。通常の使用時間が24時間とされている設備には、増加償却の適用がありません。

1日当たりの超過使用時間数が2・6時間以上であれば、増加償却割合は10％以上にな

りますので、要件の一つを満たすことになります。通常8時間の機械装置であれば、10・6時間以上の使用、通常16時間の機械装置であれば、18・6時間以上の使用が必要になってきます。

なお、要件を満たせばいくらでも償却費を上乗せできるわけではありません。法人が増加償却を適用する場合の償却限度額（損金に算入できる減価償却費の限度額）は、次のとおりです。

【償却限度額＝普通償却限度額＋普通償却限度額×増加償却割合】

増加償却については、増加償却割合の計算が面倒ですし、超過使用したことを記録し、証拠書類を保存するとともに、確定申告書の提出期限までに届出書も提出しなければならないことから、適用要件を満たすのは、なかなかハードルが高いかもしれません。

また、増加償却の適用ができれば、減価償却費を通常よりも多く経費や損金に算入できますから魅力的に思えるかもしれませんが、基本的に使用実態に合った減価償却を行うもので、課税の繰延というタックスメリットはあまり得られません。

莫大に膨れ上がった繰延利益は赤字で相殺

減価償却を活用した節税の本質は、課税の繰延であることは繰り返し述べてきました。課税の繰延を続けていくと、繰延利益が膨らんでいくことになります。

例えば、毎期10億円の黒字所得を稼ぐ会社が飛行機のオペレーティングリースで6年後に所得10億円を繰り延べたとすると、今期は所得がゼロになりますが、6年後は事業の黒字所得10億円と繰り延べられてきた所得10億円が実現して、20億円の所得になります。再度、飛行機のオペレーティングリースで20億円を繰り延べると、12年後の黒字所得は30億円になり、この所得をどうすればいいのか、検討しなければならなくなります。このように、本業の事業黒字が続くと、繰延利益は大きく膨らんでいくことになります。

では、オペレーティングリースなどで莫大に膨れ上がった繰延利益をどのように処理すればよいのでしょうか。

ここでは、法人を前提として、三つの対処法を見ていきます。

第一に、経営環境の変化への備えです。例えば、課税を10年繰り延べた場合、10年後も課税所得の黒字を維持できているでしょうか。国税庁の発表によれば、法人税の黒字申告割合は、過去10年間で3割前後です。つまり、法人の7割は赤字申告になっていて、黒字申告は少数派なのです。長期間にわたって、黒字申告を維持することはなかなか難しい、ということがわかります。そうであるなら、大抵の法人はどこかで赤字が発生するので、そこで繰り延べてきた黒字所得を処理することが考えられるわけです。

仮に黒字が維持できず、10年後、課税所得が赤字になっている場合には、繰り延べてきた所得で赤字を相殺することができます。

一般的に、青色申告の法人は、欠損金（いわゆる赤字）を9年間、将来に繰り越すことができますので、この間に繰り延べてきた所得と欠損金を相殺することができます。

また、経営を続けていくと含み損を抱える資産を持つこともあるかもしれません。そうした含み損を抱える資産を売却して、損失を実現させせて、繰り延べてきた所得と相殺する手法も考えられます。

さらには、新たなビジネスへの投資を行うと、ビジネスの立ち上げ当初は赤字になることが多いと思いますが、その場合、繰り延べてきた所得を活用して赤字と相殺することができます。

第二に、予定されている費用などへの対応です。代表的なものとして、役員退職金は一般的に多額になりますので、その支払いの原資として繰り延べてきた所得を活用することができます。

第三に、課税の繰延ではない他の多様な方法を活用して所得と税金をコントロールし、タックスマネジメントを実現していくことです。減価償却は課税の繰延という節税手法の一つですので、他の手法も活用することにより、膨れ上がった繰延利益をコントロールしていくことは可能と考えられます。

目的に合った減価償却資産を使いこなす

ここまで、節税に使えるといわれている減価償却資産を網羅的に見てきましたが、それぞれ使い勝手やタックスマネジメントの効果は様々です。最後に投資のリスクと節税のインパクトから各資産を分類し、まとめとしたいと思います。

まず、タックスメリットや節税と一口にいっても、その内容には二種類あることがわかりました。

まずは、何度も出てきた課税の繰延です。課税の繰延は課税のタイミングを遅らせているだけで、税金自体を減らしているわけではありませんが、これがタックスマネジメントの基本です。ただし、課税を繰り延べたタイミングでは、その税金分、無利息融資を受けたことと同じ効果があります。

そして、投資する資産によっては税金そのものを減らす節税も可能です。航空機や不動産などは、総合課税の長期譲渡所得などの税法を利用して、税金自体が全体として減る場合がありました。これは取引リスクもありますので、そのリターンとも考えられます。

課税の繰延をして、最終的に節税ができるかどうかは、投資額が回収できるかどうかにかかっているわけですが、減価償却資産は、投資額の回収可能性という観点から、二つに分類できます。

一つ目は、投資額の回収が見込める資産です。この場合の減価償却は、課税の繰延になり、タックスメリットを享受できる可能性があると考えられます。不動産投資、航空機等のオペレーティングリース、太陽光発電事業は投資として一定のリターンが期待できます。もちろん、投資ですので、リスクがまったくないということではありません。

二つ目は、投資額の回収リスクが高い資産です。この場合の減価償却は、税金は減りますが、一方で減価償却資産の取得資金が流出してしまいます。そのため、その資金を回収できない可能性があります。したがって、税金は減るが資金も失うことになり、タックスメリットにはあまり役立たない可能性があるということです。

例えば、法人が1億円のクルーザーを取得、事業供用し、減価償却費に見合う黒字の所得があり、法人税の実効税率を36％とした場合、投資額が全額回収できなければ、1億円のクルーザーが法人税等の分安くなって６４００万円で買うことができただけ、ということになってしまいます。高級中古車、クルーザー、器具備品、絵画などは、どちらかというと黒字の所得を稼ぎ続ける者のステイタスや楽しみに、より適しているのではないでしょうか。

また、減価償却資産は、所得に対するインパクトの大きさでも分けることができます。

一つ目は、一般的に所得に対するインパクトの大きな減価償却資産です。航空機等のオペレーティングリース、不動産投資、太陽光発電事業、クルーザーについては、減価償却費が場合によっては数千万から十億単位のインパクトがあり、当然、タックスメリットも大きくなる可能性があります。

もう一つは、逆に所得に対するインパクトが比較的小さい減価償却資産です。高級中古車、器具備品、絵画などは、投資額が少なくて済みますが、それ単独ではタックスメリットも小さいと考えられます。

このように減価償却資産は、投資の回収リスクが高い・低い、投資額とタックスメリットが大きい・小さい、という領域のどこに属するかによって活用すべきか否かが変わります（図36）。当然、投資をする人や会社の資金・利益の多寡、あるいは事業の状況によっても選択肢は変わるでしょう。皆さんの状況や目的に合った減価償却資産を活用し、ぜひ理想的なタックスマネジメントを実現してください。

［図 36］ 使える減価償却資産の分類

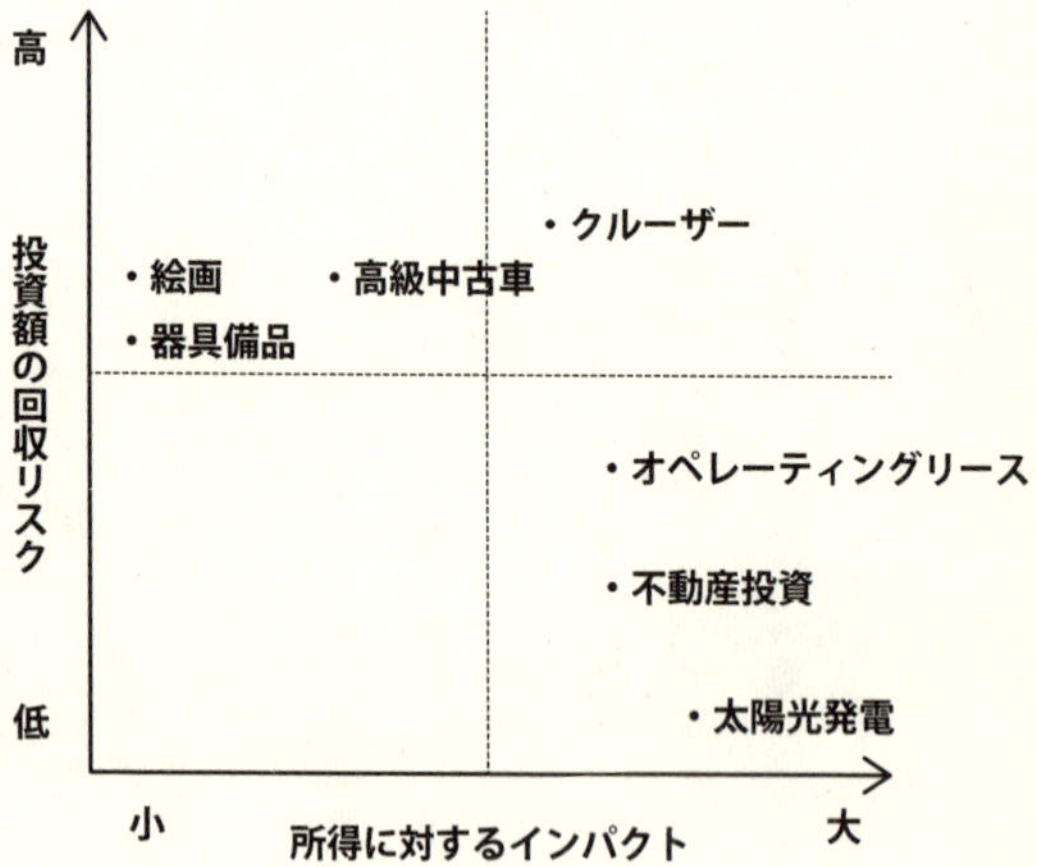

【付録：法定耐用年数表】
出典：国税庁ホームページ

＜建物＞

構造・用途	細　　目	耐用年数
木造・合成樹脂造のもの	事務所用のもの	24
	店舗用・住宅用のもの	22
	飲食店用のもの	20
	旅館用・ホテル用・病院用・車庫用のもの	17
	公衆浴場用のもの	12
	工場用・倉庫用のもの（一般用）	15
木骨モルタル造のもの	事務所用のもの	22
	店舗用・住宅用のもの	20
	飲食店用のもの	19
	旅館用・ホテル用・病院用・車庫用のもの	15
	公衆浴場用のもの	11
	工場用・倉庫用のもの（一般用）	14
鉄骨鉄筋コンクリート造・鉄筋コンクリート造のもの	事務所用のもの	50
	住宅用のもの	47
	飲食店用のもの	
	延面積のうちに占める木造内装部分の面積が30%を超えるもの	34
	その他のもの	41
	旅館用・ホテル用のもの	
	延面積のうちに占める木造内装部分の面積が30%を超えるもの	31
	その他のもの	39
	店舗用・病院用のもの	39
	車庫用のもの	38
	公衆浴場用のもの	31
	工場用・倉庫用のもの（一般用）	38

れんが造・石造・ブロック造のもの	事務所用のもの 店舗用・住宅用・飲食店用のもの 旅館用・ホテル用・病院用のもの 車庫用のもの 公衆浴場用のもの 工場用・倉庫用のもの（一般用）	41 38 36 34 30 34
金属造のもの	事務所用のもの 骨格材の肉厚が、（以下同じ。） 4㎜を超えるもの 3㎜を超え、4㎜以下のもの 3㎜以下のもの 店舗用・住宅用のもの 4㎜を超えるもの 3㎜を超え、4㎜以下のもの 3㎜以下のもの 飲食店用・車庫用のもの 4㎜を超えるもの 3㎜を超え、4㎜以下のもの 3㎜以下のもの 旅館用・ホテル用・病院用のもの 4㎜を超えるもの 3㎜を超え、4㎜以下のもの 3㎜以下のもの 公衆浴場用のもの 4㎜を超えるもの 3㎜を超え、4㎜以下のもの 3㎜以下のもの 工場用・倉庫用のもの（一般用） 4㎜を超えるもの 3㎜を超え、4㎜以下のもの 3㎜以下のもの	 38 30 22 34 27 19 31 25 19 29 24 17 27 19 15 31 24 17

< 建物附属設備 >

構造・用途	細　　目	耐用年数
アーケード・日よけ設備	主として金属製のもの その他のもの	15 8
店舗簡易装備		3
電気設備（照明設備を含む。）	蓄電池電源設備 その他のもの	6 15
給排水・衛生設備、ガス設備		15

<構築物>

構造・用途	細　　目	耐用年数
農林業用のもの	主としてコンクリート造、れんが造、石造又はブロック造のもの 　果樹棚又はポップ棚 　その他のもの 【例示】頭首工、えん堤、ひ門、用水路、かんがい用配管、農用井戸、貯水そう、肥料だめ、たい肥盤、温床わく、サイロ、あぜなど	 14 17
	主として金属造のもの 【例示】斜降索道設備、農用井戸、かん水用又は散水用配管など	14
	主として木造のもの 【例示】果樹棚又はホップ棚、斜降索道設備、稲架、牧さく（電気牧さくを含む。）など	5
	土管を主としたもの 【例示】暗きょ、農用井戸、かんがい用配管など	10
	その他のもの 【例示】薬剤散布用又はかんがい用塩化ビニール配管など	8

<生　物>

構造・用途	細　　目	耐用年数
牛	繁殖用（家畜改良増殖法に基づく種付証明書、授精証明書、体内受精卵移植証明書又は対外受精卵移植証明書のあるものに限る。）	
	役肉用牛	6
	乳用牛	4
	種付用（家畜改良増殖法に基づく種畜証明書の交付を受けた種おす牛に限る。）	4
	その他用	6
馬	繁殖用（家畜改良増殖法に基づく種付証明書又は授精証明書のあるものに限る。）	6
	種付用（家畜改良増殖法に基づく種畜証明書の交付を受けた種おす馬に限る。）	6
	競走用	4
	その他用	8
豚		3
綿羊及びやぎ	種付用	4
	その他用	6
かんきつ樹	温州みかん	28
	その他	30
りんご樹	わい化りんご	20
	その他	29
ぶどう樹	温室ぶどう	12
	その他	15

なし樹 桃樹 桜桃樹 びわ樹 くり樹 梅樹 かき樹 あんず樹 すもも樹 いちじく樹 キウイフルーツ樹 ブルーベリー樹 パイナップル 茶樹 オリーブ樹 つばき樹		26 15 21 30 25 25 36 25 16 11 22 25 3 34 25 25
桑樹	立て通し 根刈り、中刈り、高刈り	18 9

< 車両・運搬具 >

構造・用途	細　　目	耐用年数
一般用のもの（特殊自動車・次の運送事業用等以外のもの）	自動車（２輪・３輪自動車を除く。）	
	小型車（総排気量が 0.66 リットル以下のもの）	4
	貨物自動車	
	ダンプ式のもの	4
	その他のもの	5
	報道通信用のもの	5
	その他のもの	6
	２輪・３輪自動車	3
	自転車	2
	リヤカー	4
運送事業用・貸自動車業用・自動車教習所用のもの	自動車（２輪・３輪自動車を含み、乗合自動車を除く。）	
	小型車（貨物自動車にあっては積載量が２トン以下、その他のものにあっては総排気量が２リットル以下のもの）	3
	大型乗用車（総排気量が３リットル以上のもの）	5
	その他のもの	4
	乗合自動車	5
	自転車、リヤカー	2
	被けん引車その他のもの	4

<工　具>

構造・用途	細　　目	耐用年数
測定工具、検査工具（電気・電子を利用するものを含む。）		
治具、取付工具		3
切削工具	ゴム・ガラス成型用金型、鋳造用型	2
型（型枠を含む。） 鍛圧工具 打抜工具	プレスその他の金属加工用金型、合成樹脂、ゴム・ガラス成型用金型、鋳造用型 その他のもの	2 3
活字、活字に常用される金属	購入活字（活字の形状のまま反復使用するものに限る。） 自製活字、活字に常用される金属	2 8

<器具・備品>

構造・用途	細　　目	耐用年数
家具、電気機器、ガス機器、家庭用品（他に挙げてあるものを除く。）	事務机、事務いす、キャビネット	
	主として金属製のもの	15
	その他のもの	8
	応接セット	
	接客業用のもの	5
	その他のもの	8
	ベッド	8
	児童用机、いす	5
	陳列だな、陳列ケース	
	冷凍機付・冷蔵機付のもの	6
	その他のもの	8
	その他の家具	
	接客業用のもの	5
	その他のもの	
	主として金属製のもの	15
	その他のもの	8
	ラジオ、テレビジョン、テープレコーダーその他の音響機器	5
	冷房用・暖房用機器	6
	電気冷蔵庫、電気洗濯機その他これらに類する電気・ガス機器	6
	氷冷蔵庫、冷蔵ストッカー（電気式のものを除く。）	4
	カーテン、座ぶとん、寝具、丹前その他これらに類する繊維製品	3
	じゅうたんその他の床用敷物	
	小売業用・接客業用・放送用・レコード吹込用・劇場用のもの	3
	その他のもの	6

	室内装飾品	
	主として金属製のもの	15
	その他のもの	8
	食事・ちゅう房用品	
	陶磁器製・ガラス製のもの	2
	その他のもの	5
	その他のもの	
	主として金属製のもの	15
	その他のもの	8
事務機器、通信機器	謄写機器、タイプライター	
	孔版印刷・印書業用のもの	3
	その他のもの	5
	電子計算機	
	パーソナルコンピュータ（サーバー用のものを除く。）	4
	その他のもの	5
	複写機、計算機（電子計算機を除く。）、金銭登録機、タイムレコーダーその他これらに類するもの	5
	その他の事務機器	5
	テレタイプライター、ファクシミリ	5
	インターホーン、放送用設備	6
	電話設備その他の通信機器	
	デジタル構内交換設備、デジタルボタン電話設備	6
	その他のもの	10
時計、試験機器、測定機器	時計	10
	度量衡器	5
	試験・測定機器	5
光学機器、写真製作機器	カメラ、映画撮影機、映写機、望遠鏡	5
	引伸機、焼付機、乾燥機、顕微鏡	8

看板・広告器具	看板、ネオンサイン、気球	3
	マネキン人形、模型	2
	その他のもの	
	主として金属製のもの	10
	その他のもの	5
容器、金庫	ボンベ	
	溶接製のもの	6
	鍛造製のもの	
	塩素用のもの	8
	その他のもの	10
	ドラムかん、コンテナーその他の容器	
	大型コンテナー（長さが６ｍ以上のものに限る。）	7
	その他のもの	
	金属製のもの	3
	その他のもの	2
	金庫	
	手さげ金庫	5
	その他のもの	20
理容・美容機器		5

＜機械・装置＞

構造・用途	細　　目	耐用年数
農業用設備		7
林業用設備		5
食料品製造業用		10
飲料、たばこ又は飼料製造業用設備		10
繊維工業用設備	炭素繊維製造設備 　黒鉛化炉 　その他の設備 その他の設備	 3 7 7
木材又は木製品（家具を除く。）製造業用設備		8
家具又は装備品製造業用設備		11
パルプ、紙又は紙加工品製造業用設備		12
印刷業又は印刷関連業用設備	デジタル印刷システム設備 製本業用設備 新聞業用設備 　モノタイプ、写真又は通信設備 　その他の設備 その他の設備	4 7 3 10 10
ゴム製品製造業用設備		9
なめし革、なめし革製品又は毛皮製造業用設備		9

窯業又は土石製品製造業用設備		9
鉄鋼業用設備	表面処理鋼材若しくは鉄粉製造業又は鉄スクラップ加工処理業用設備 純鉄、原鉄、ベースメタル、フェロアロイ、鉄素形材又は鋳鉄管製造業用設備 その他の設備	5 9 14
金属製品製造業用設備	金属被覆及び彫刻業又は打はく及び金属製ネームプレート製造業用設備 その他の設備	6 10
林業用設備		5
鉱業、採石業又は砂利採取業用設備	石油又は天然ガス鉱業用設備 　坑井設備 　掘さく設備 　その他の設備 その他の設備	 3 6 12 6
総合工事業用設備		6
倉庫業用設備		12
運輸に附帯するサービス業用設備		10
飲食料品卸売業用設備		10
飲食料品小売業用設備		9
その他の小売業用設備	ガソリン又は液化石油ガススタンド設備 その他の設備 　主として金属製のもの 　その他のもの	8 17 8
宿泊業用設備		10
飲食店業用設備		8

洗濯業、理容業、美容業又は浴場業用設備		13
その他の生活関連サービス業用設備		6
自動車整備業用設備		15

おわりに

最後まで、お読みいただき、誠にありがとうございました。

タックスマネジメントを活用して、自分の税金を自分でコントロールすれば、たとえ企業の経営や資金繰りがピンチに陥ったときでも、復活のために使えるお金が残せます。

タックスマネジメントの一つの手法は「課税の繰延」です。今の時代のように、将来の経済環境などの不確実性が高いときには、所得が黒字の場合、まず課税を繰り延べて、将来の赤字などの不確実性に備えることが極めて重要です。

極端な言い方をすれば、税金はとにかく繰り延べておく。これが税との付き合い方のもっとも重要なポイントの一つなのです。細かな策を使ってやたらに税金を減らそう、納税を拒もうとすることと、払えるときに払うべき税金を納めようとコントロールすることは、根本的に異なる態度だと私は思います。

本書の冒頭でも述べましたが、税金は納めなければならないものです。しかし、タックスマネジメントを知らないまま素直に払い続けた結果、事業活動が続けられなくなってしまうのは、非常にもったいないことではないでしょうか。

その意味で、減価償却の仕組みから節税のための活用法まで紹介した本書は、皆さんが正しく、効率よく納税していくために有益なものではないかと思います。ここまでお読みいただいた皆さんには、課税の繰延の一つのツールとして、減価償却を使い尽くすことのメリットを十分にご理解いただけたのではないでしょうか。減価償却資産の取得・売却は自分の判断で行うことができ、それが自分の税金を自分でコントロールすることにつながることもおわかりいただけたと思います。

減価償却資産は多様であり、目的に応じて使い分けることができ、大きなタックスメリットを享受できる場合もあります。

一方で、減価償却資産への投資額は何らかの形で全額回収することが鉄則です。繰り返しになりますが、回収できない部分は損失になりますし、課税の繰延を行ううえでの大前提だからです。また、所得の黒字が長期間続いている場合、課税を繰り延べた後どうするのかについては、課税の繰延ではない別の合法的な手法を使って対処していく必要があります。

課税の繰延は、合法的な節税のなかでも王道であり、究極の節税術ですが、本書を通じて、それがどのように機能するのかをご紹介することができました。こうしたタックスマネジメントを知ることで、事業の継続に失敗したり、損を被ったりしないようになっていただければ幸いです。

最後に、納税者の皆様がタックスマネジメントを活用することにより、環境の変化に対応しながら、自らの生活、ビジネス、財産を守るとともに、新たなビジネスを興すなどして日本経済が活性化し、その結果、税収も増加するという好循環が日本に生まれることを期待して筆をおかせていただきます。

杉本俊伸

【免責事項】

本書の内容に関しては正確性を期していますが、内容について保証するものではございません。取引等の最終判断に関しては、税理士または税務署に確認するなどして、ご自身の判断でお願いいたします。

杉本俊伸（すぎもと　としのぶ）

税理士。株式会社キャピタル・アセット・プランニング所属。

１９６７年宮城県生まれ。中央大学法学部を卒業後、国税庁入庁。大曲税務署長、関東信越国税局調査査察部国際調査課長、ハーバード大学ロースクール、財務省主計局主計官補佐、国税庁資産課税課課長補佐、税務大学校研究部主任教授兼国税庁国際業務課、東京国税局調査第三部長等を経て、２０１３年12月退官。

２００１年米国公認会計士合格。東京国税局の調査部長として大企業の税務調査を指揮したほか、国税庁では全国国税局の資産課税事務の指導監督などを経験。現在は相続・事業承継、税務調査対策、国際税務に関するコンサルティングに取り組んでいる。

ＧＴＡＣ　ジータック

株式会社幻冬舎総合財産コンサルティング（GENTOSHA TOTAL ASSET CONSULTING Inc.）の略称。出版社グループの強みを生かした最先端の情報収集力と発信力で、「中立」「斬新」なサービスを提供。相続・事業承継対策からＭ＆Ａ、国内外の不動産活用といった手法を駆使し、顧客の財産を「防衛」「承継」「移転」するための総合的なコンサルティングを行う。編著に『スゴい「節税」』『オーナー社長のための税金ゼロの事業承継』『オーナー社長のための会社の売り方』（いずれも幻冬舎メディアコンサルティング）など。

黄金律新書　003

スゴい「減価償却」

二〇一四年四月二五日　第一刷発行

著　者　杉本俊伸 + GTAC
発行人　久保田貴幸
発行元　株式会社　幻冬舎メディアコンサルティング
〒一五一-〇〇五一　東京都渋谷区千駄ヶ谷四-九-七
電話〇三-五四一一-六四四〇（編集）
発売元　株式会社　幻冬舎
〒一五一-〇〇五一　東京都渋谷区千駄ヶ谷四-九-七
電話〇三-五四一一-六二二二（営業）
装　丁　幻冬舎メディアコンサルティング　デザイン室
印刷・製本　シナノ書籍印刷株式会社

検印廃止

Printed in Japan　ISBN978-4-344-97043-4　C0234
幻冬舎メディアコンサルティングＨＰ　http://www.gentosha-mc.com/